Britta Schön
Petra Martini

Keine Angst im Sattel

Britta Schön / Petra Martini

Keine Angst im Sattel

- nach Reitpausen
- nach Stress
- nach Unfällen

Müller Rüschlikon

Einbandgestaltung: Dos Luis Santos
Titelfoto Petra Martini
Fotos auf der Buchrückseite: Petra Martini oben und unten, Britta Schön Mitte

Bildnachweis
Fotos: Christa Arz (S. 84, 85), Ute Forler (S. 6 u., 7, 20/21, 30/31, 35, 41, 57, 102, 103, 119, 121, 127), Müller Rüschlikon Verlag (S. 39), Petra Martini (S. 8/9, 13, 15, 16/17, 23, 25, 28, 29, 33, 40, 48/49, 53, 60, 63, 66, 67, 69, 70, 71, 72, 73, 79, 81, 82, 88, 104 re., 105, 106, 109, 111, 112, 113, 114, 115, 116, 117, 118, 123, 125, 126, 130/131, 136/137), Privat (S. 26, 55, 62, 86, 120, 133, 135), Britta Schön (S. 6 o., 10/11, 44, 45, 51, 52, 59, 76, 77, 90, 93, 95, 96, 98, 99, 100, 101, 104 li., 107, 141).

ISBN 3-275-01489-7

Sie finden uns im Internet unter www.mueller-rueschlikon.ch

1. Auflage 2004

Lektorat: Claudia König
Innengestaltung: Anita Ament
Reproduktionen: digi bild reinhardt, 73037 Göppingen
Druck und Bindung: Fotolito Longo AG, I-39100 Bozen
Printed in Italy

(D)ein Pferd – das unbekannte Wesen?

Vorbemerkung

Mensch und Pferd sind im Laufe der Zeit eine lange Strecke gemeinsam gegangen. Aus dem ursprünglichen Beutetier des Jägers wurde ein Statussymbol, ein militärisches Verkehrsmittel von höchster strategischer Bedeutung, eine Arbeitshilfe und nicht zuletzt ein unverzichtbarer Kamerad und Begleiter durch die Jahrhunderte.

Doch im 20. Jahrhundert ging diese lange währende Zweckgemeinschaft zu Ende. Das Auto begann seinen Siegeszug, landwirtschaftliche Maschinen verdrängten das Arbeitspferd, das Militär entledigte sich nach und nach der vierbeinigen Soldaten – und so wurde aus einem Nutztier ein reiner Sport- und Freizeitpartner, ein Luxusgeschöpf.

Seither ist viel geschehen. Für unsere Pferde ebenso wie für uns Reiter hat sich vieles zum Besseren gewandelt: Horizonte wurde erweitert, ein neues Verständnis erarbeitet, der Tierschutz erhielt mehr Relevanz – die Beziehung zwischen Mensch und Pferd hat eine ganz andere Qualität gewonnen.

Doch auf der Strecke geblieben ist allzu oft die Selbstverständlichkeit, mit der sich der Mensch dem Pferd in früheren Zeiten genähert hat; das aus der Erfahrung von Generationen geborene Wissen um das Wesen des Pferdes, die Eingliederung des Tiers in unseren Alltag auch fern von Luxus und Freizeit.

Und so müssen sich Mensch und Pferd heute oft ganz neu einander zuwenden. Dass dies sowohl Chancen als auch Risiken birgt, ist offensichtlich. Welch große Chance, sich gänzlich unvoreingenommen dem Pferd nähern zu können, alles neu zu erfahren und zu entdecken! Und doch: Welch großes Risiko, dabei auf Irrwege zu geraten und folgenschwere Missverständnisse zu provozieren.

Wir erforschen mit unserem Pferd ein fremdes Wesen, dessen Verhaltensmuster als Fluchttier deutlich anders geprägt sind als die des Raubtiers Mensch. Dabei streben wir stets an, Verständnis und Vertrauen aufzubauen und so Kommunikation zu ermöglichen. Damit wir diesen Weg erfolgreich gehen können, benötigen wir Einfühlungsvermögen, Be-

In unserem von Hektik geprägten Alltag finden wir Ruhe in der Natur.

obachtungsgabe, Selbstvertrauen und Körpergefühl ebenso wie theoretische Kenntnisse. Angst jedoch hindert uns daran, eine erfolgreiche Partnerschaft mit unserem Pferd aufzubauen. Sie blockiert unsere Wahrnehmungen, hemmt unsere Reaktionen, macht uns unsicher und kann sogar Aggressionen schüren: Wer sich einem Pferd ängstlich nähert, wird keinen Erfolg haben.

Nicht jeder kann heute das Glück erfahren, mit Pferden aufzuwachsen und schon als Kind die Selbstverständlichkeit des Umgangs zu erleben. Doch wir können lernen, aus der Distanz herauszutreten und das Wesen Pferd zu erkennen und zu erfühlen – und dann bleibt für unbegründete Angst kein Raum.

Unser erstes Ziel muss es daher stets sein, unsere Kenntnisse zu erweitern, unsere Pferde genauer zu beobachten und besser einschätzen zu können, unsere reiterlichen Fähigkeiten zu verbessern und auf diese Weise unsere Sicherheit und Souveränität zu steigern.

Weidegang, Bewegung, Luft und Licht – die Bedürfnisse des Pferdes sind vielfältig und verlangen unsere Beachtung.

1. Voraussetzungen für das angstfreie und entspannte Reiten

Das Thema dieses Buchs lautet nicht Angstvermeidung oder Angstbekämpfung: Wer seine Ängste grundsätzlich meidet, wird sich ihnen allzu oft nicht stellen und sie lediglich verdrängen; wer stets bemüht ist, sich mit Angst schürenden Situationen zu konfrontieren, wird kein entspanntes Glücksgefühl genießen können. Und das ist es, was wir wollen: Wir möchten das Glück auf dem Rücken unserer Pferde in vollen Zügen genießen!
Dabei kann uns jedoch schnell unsere eigene Erwartungshaltung einen Strich durch die Rechnung machen – wer zu viel großes Glück ersehnt, wird oft das kleine Glück nicht mehr wahrnehmen und erleben können. Daher beginnen wir mit einem kurzen Exkurs und einer scheinbar einfachen Frage: Was bedeutet Glück?

1.1. Mit Pferden zum Glück

Wohl jeder von uns hat schon einmal ein großes Glücksgefühl verspürt. Unterschiedlichste Situationen können die Auslöser sein: Den einen versetzt der Geschwindigkeitsrausch auf dem Motorrad geradezu in Ekstase, der andere genießt einen Tag am Meer – und auf einmal ist alles perfekt, das Glück beinahe zu groß, um es zu fassen. Und so schnell diese Erkenntnis kommt, so schnell vergeht das Gefühl auch wieder.
Diese Momente sind selten und lassen sich durch uns nicht erzwingen. Genießen wir sie! Bewusst anstreben jedoch können wir diese Momentaufnahmen nicht. Und ein Leben in dauernder Ekstase wäre wohl auch recht anstrengend zu führen ... Alltagstauglicher scheint da eine bescheidenere Definition von Glück:
Glücklich kann sich schätzen, wer zufrieden mit sich selbst ist und in Einklang mit seiner Umwelt lebt, wer sich auch an Kleinigkeiten freuen kann und sein Leben bewusst gestaltet und erfährt.
Klingt einfach – ist es aber nicht. Wir leben in einer mediengeprägten Gesellschaft, in der uns ständig suggeriert wird, dass wir nur dann glücklich sind, wenn wir geradezu überschäumen vor Glück, wenn wir sprudeln, wenn wir feiern, aktiv sind, tanzen, singen, Sport treiben – eine anstrengende Angelegenheit, das Glücklichsein, wie es die Medien propagieren! Reizüberflutung, wohin man auch schaut: Glitzernde Scheinwelten in den Diskotheken, Dauer-Fernsehberieselung, jede Woche ein neuer Star, strahlende Gesichter auf allen Litfasssäulen – und wer nicht glücklich ist, gehört nicht dazu (oder auch andersherum: Wer nicht dazu gehört, ist nicht glücklich?).
Der hier propagierte Rauschzustand kann nicht von Dauer sein. Und gerade in einer so komplexen Umwelt voller Reize kann uns die Rückführung auf uns selbst ein großes Stück voranbringen auf dem Weg in ein glückliches Leben: Einfachheit statt Unüberschaubarkeit, ruhende Pole statt ständiger Action.

Ein Pferd kann ein wunderbarer ruhender Pol sein. Im Umgang mit dem Pferd werden wir nur dann erfolgreich sein, wenn wir in uns ruhen, wenn wir aufrichtig sind, wenn wir ganz im Hier und Jetzt leben und die Situation bewusst wahrnehmen. Und so bringen uns unsere Pferde dem Glück jeden Tag ein Stückchen näher – und machen uns ganz nebenbei zu besseren, zufriedeneren Menschen.

Nur wenn beide Partner gelöst und zufrieden sind, ist entspannter Umgang und entspanntes Reiten möglich.

Anmerkung der Autorinnen

Eins sei an dieser Stelle angemerkt: Der Einfachheit halber sprechen wir von Reitern bzw. von dem Reiter. Selbstverständlich ist uns bewusst, dass sehr viele Reiter Reiterinnen sind. Der Reiter ist für uns nicht ein Mann, sondern ein Mensch!

1.2. Das Prinzip Selbstverantwortung

Viele Menschen leben in der festen Überzeugung, ein Opfer der Umstände zu sein. Wie kann ich glücklich sein, wenn immer andere den Jackpot knacken? Es regnet zu viel, es regnet zu wenig, immer muss ich arbeiten, ich verdiene zu wenig, andere haben viel mehr Urlaub, mein Traumauto kann ich mir nicht leisten, schon wieder bin ich erkältet – die Liste ließe sich endlos fortsetzen.
Was dabei oft übersehen wird, ist die Tatsache, dass wir selbst über unsere Befindlichkeit entscheiden. Es ist sicher richtig: Manche Umstände können wir nur als gegeben hinnehmen, wir können nicht die ganze Welt nach unseren Vorstellungen formen. Aber wir können entscheiden, ob wir lieber jammern oder genießen! Wir können entscheiden, hier und heute mit dem Glücklichsein anzufangen – oder lieber weiter darauf zu warten, dass irgendwann in einer fernen Zukunft einfach kein Grund zum Jammern mehr vorhanden sein wird (und das wird voraussichtlich niemals der Fall sein).
Als Menschen sind wir eigenverantwortlich nicht nur in unserem Handeln, sondern auch in unserem Denken und Fühlen. Wer nicht bereit ist, das Glück anzunehmen, wird es auch dann nicht finden, wenn es eigentlich direkt vor ihm steht – doch wer sich dazu entscheidet, die Verantwortung für sein Leben in die Hand zu nehmen und kein Opfer der Umstände mehr zu sein, sondern ein aktives Erleben zu gestalten, der wird sicher in manchen Dingen bescheidener werden, der wird des Öfteren innehalten, um sein Leben intensiv wahrzunehmen, und der wird eine Zufriedenheit erreichen, die dem fremdbestimmten Menschen immer unbekannt bleiben wird.

1.3. Zufriedenes Pferd = zufriedener Mensch?

Wenn Mensch und Pferd zueinander in Beziehung treten, entsteht ein Wechselspiel aus Aktion und Reaktion. Beide Partner erleben das Verhalten des jeweils anderen, interpretieren es und reagieren darauf. Aus menschlicher Sicht gesehen läuft dabei das meiste bewusst und ausdrücklich ab: Wir handeln absichtlich und ausdrücklich.
Unsere Pferde jedoch haben ein feines Gespür für non-verbale Kommunikation, für Körpersprache, Schwingungen und Stimmungen. Und auch wir selbst können unbewusst wohl oft mehr erspüren, als uns rational zugänglich ist.
So wird es gerade einem ängstlichen Reiter schwer fallen, entspannt und locker auf einem verspannten und verkrampften Pferd zu sitzen – einerseits, weil dieses Pferd tatsächlich deutlich schwerer auszusitzen ist, andererseits aber auch, weil die Spannung sich auf den Reiter überträgt und unter anderem auch bereits vorhandene Ängste steigern kann.

Zusammen mit Pferden und guten Freunden die Natur erleben – für viele Reiter eine starke Motivation. Ein Pferdetausch – wie es diese Reiterinnen praktiziert haben – bietet neue Erfahrungen und Erlebnisse.

In die Gegenrichtung funktioniert diese Übertragung noch sicherer: Das Pferd ist der in diesen Bereichen sensiblere Partner. Und es wird sofort spüren, wenn der Reiter unsicher, verkrampft oder ängstlich ist – und entsprechend darauf reagieren. Manche Pferde sind so selbstbewusst, dass sie lediglich die Führung übernehmen und den Reiter ignorieren; viele jedoch reagieren, indem sie selbst ängstlich werden und sich verspannen. In diesem Fall kann die beschriebene Kombination zu einer echten Gefahr werden.

Ein nicht nur angstfreier, sondern auch glücklicher Reiter auf einem ängstlichen und verspannten Pferd ist nicht denkbar, ebenso wie ein Pferd unter einem unsicheren Reiter nicht wirklich zufrieden und gelöst gehen kann.

Umgekehrt erleben wir das allerdings auch: Ein glücklicher und souveräner Reiter vermittelt dem Pferd Sicherheit und Zufriedenheit, ein gelöstes Pferd »nimmt den Reiter mit«, es lässt weich sitzen, arbeitet willig mit und bietet mehr Freude am Reiten.

Wenn wir uns also mit der Angstbewältigung und mit dem Glück des Reiters beschäftigen, dürfen wir dabei nie das Wohlergehen des Pferdes aus den Augen verlieren.

1.4. Warum reiten wir?

Immer mehr Menschen zieht es zum Pferd. Ob bewusst oder unbewusst: Viele scheinen zu erkennen oder zumindest zu erahnen, welche Möglichkeiten in der Begegnung mit Pferden liegen.

Da ist zunächst die körperliche Komponente: Es ist ein herrliches Gefühl, sich im Einklang mit dem Pferd zu bewegen, im schnellen Galopp den Fahrtwind zu spüren, mit dem Pferd zu schwingen. Zugleich erleben wir so einen Ritt oft sehr intensiv, wodurch er sich deutlich aus der Alltagswelt heraushebt und noch lange in Erinnerung bleibt. Beim Ausritt sind wir der Natur nahe – viele Reiter werden schon erlebt haben, wie nahe man zu Pferde auch

Auch genüssliches Wälzen gehört zu den Bedürfnissen des Pferdes.

den scheuen Rehen kommen kann, wie unmittelbar das Naturerlebnis vom Pferderücken aus sein kann. Natürlich spielt die Pferdeliebe eine große Rolle, die viele Reiter sicher als ersten und wichtigsten Grund für die Wahl ihres Hobbys angeben würden. Pferde sind schön, sie sind charakterlich individuell, ehrlich und direkt – einfach liebenswert für jeden, der sich einmal näher mit diesen Geschöpfen befasst hat.

Nicht zuletzt sprechen wir auch vom Reitsport: Wie bei jedem Sport spielt auch hier oft der persönliche Ehrgeiz eine Rolle. Erfolgserlebnisse erfüllen uns mit Stolz. Dabei muss es nicht immer der Turnierpokal sein – auch ganz persönliche Erfolge können schon einen großen Anreiz bieten und unser Selbstwertgefühl steigern.
Vor allem jedoch haben wir im Umgang mit dem Pferd die große Chance, uns selbst besser kennen zu lernen. Wir können uns unserer Selbst bewusst werden, wenn wir uns im Spiegel unseres Pferdes erleben. Wir haben mit dem Pferd einen absolut unbestechlichen, vorurteilsfreien und ehrlichen Richter über unser Verhalten, den wir nicht anlügen können, dem wir nichts vormachen können – und der uns dabei die Chance gibt, uns immer wieder neu zu erleben und zu beweisen. So werden wir uns im besten Falle unserer Selbst bewusst und darüber hinaus auch selbstbewusst. Die Bewältigung von Ängsten gehört zu diesem Prozess dazu.

1.5. Die Bedürfnisse des Pferdes

Unser Ziel ist es, ein gelöstes und zufriedenes Pferd unter dem Sattel zu haben: Wir wollen unser Pferd glücklich machen.
Die Voraussetzungen dafür sind zunächst in der artgerechten Haltung zu schaffen. Die Grundbedürfnisse unseres Pferdes sind schnell aufgezählt: freie Bewegung, Pferdegesellschaft, Nahrung, Wasser, Licht und Luft. Wesentlich schwieriger als die Aufzählung gestaltet sich die Umsetzung einer Pferdehaltung, bei der allen Bedürfnissen des Pferdes Rechnung getragen wird.
Ganz wichtig: Wir dürfen niemals ein Pferd alleine halten. Pferde sind als Herdentiere auf den Schutz der Gruppe angewiesen, ebenso wie auf die sozialen Kontakte und Strukturen. Eine feste Rangordnung bietet Sicherheit. Ein Pferd alleine lebt in Isolationshaft – eine der höchsten Strafen, die wir Menschen zu vergeben haben.
Des Weiteren gilt: Jedes Pferd braucht freie Bewegung in Pferdegesellschaft. Mit dem Boxennachbarn lässt es sich nicht toben, oft genug lässt sich durch die Gitterstäbe noch nicht einmal die Mähne kraulen – in der Box bleibt die Gemeinsamkeit auf Blickkontakte beschränkt. Das ist nicht ausreichend!
Freie Bewegung bedeutet jedoch nicht nur Toben und Spielen. Ganz wichtig auch für die physische Gesundheit unserer Pferde ist der Weidegang. Im ruhigen Weideschritt bewegt sich das Pferd die meiste Zeit des Tages – diese Bewegungsmöglichkeit können wir durch Reiten nicht ersetzen.
Frische Luft im hellen Stall sollte ebenso wie eine bedarfsgerechte Fütterung selbstverständlich sein.
Was sich im Sommer noch relativ unkompliziert verwirklichen lässt, kann im Winter schnell zum Problem werden, wenn die Weide im Matsch versinkt: Daher gehört zu einer artgerechten Pferdehaltung immer auch ein befestigter Auslauf, der auch im Winter Bewegungsraum bietet, und eine trockene Liegefläche für den erholsamen Schlaf. Normalerweise ist die Offenstallhaltung als besonders pferdegerecht anzusehen. Eine Box für den Fall einer Erkrankung des Pferdes muss jedoch zur Verfügung stehen. Nun sind die Grundvoraussetzungen erfüllt – doch es gehört noch etwas mehr dazu, unser Pferd glücklich zu

machen! Wir selbst leisten einen ganz wesentlichen Beitrag, und das schon, ehe wir in den Sattel steigen. Denn wir erheben den Anspruch auf den Chefposten. Und nur dann, wenn wir diesen Posten auch kompetent ausfüllen, können wir unserem Pferd die benötigte Sicherheit vermitteln. Von uns wird dabei neben der fachlichen Kompetenz vor allem Konsequenz verlangt. Als »guter Chef« ist es darüber hinaus unsere Aufgabe, unser Pferd sinnvoll zu fordern und zu fördern, sodass die Arbeit es körperlich trainiert, ohne zu überlasten, und geistig weder langweilt noch unter extremen Stress setzt. Lösbare Aufgabenstellungen erhalten das Interesse des Pferdes und bauen sein Selbstvertrauen auf.

Teufelskreis

Wie wir bereits gesehen haben, besteht ein Zusammenhang zwischen einem ängstlichen und unsicheren Reiter und einem ängstlichen und unsicheren Pferd. Der hier leicht entstehende Teufelskreis kann nur durch den Reiter bewusst beeinflusst werden! Von beiden Partnern hat nur der Mensch die Möglichkeit, die Situation intellektuell aus der Distanz zu betrachten und bewusst zu durchbrechen.

2. Ängste des Reiters

Kinder gehen oft unbefangen an neue Aufgaben heran.

Wenn wir eine Aufgabe lösen möchten, müssen wir diese zunächst begreifen. Eine genaue Kenntnis dessen, was uns erwartet, ist Voraussetzung für ein Gelingen. Am Anfang steht daher die Frage: Was hat es mit der Angst auf sich?

2.1. Was ist Angst?

Angst ist ein vielfältig besetzter Begriff. Angst kann mitreißend und übermächtig sein, kann alles andere Empfinden auslöschen; Angst kann im Hintergrund auf der Lauer liegen und nur auf den richtigen Augenblick warten, um die Macht zu übernehmen; Angst kann ein sorgenvoller Gedanke sein oder auch eine echte Hilfe – es kommt ganz darauf an, wer diese Angst auf welche Weise erlebt. Fest steht: Angst betrifft uns alle. Niemand ist davor gefeit, irgendwann erwischt es jeden. Und dann werden die Knie weich, der Herzschlag beschleunigt sich, die Angst hat uns voll im Griff.

Diese körperliche Reaktion können wir nur bedingt kontrollieren. Im Zustand der Angst sind alle unsere Sinne geschärft, unsere Reaktionszeit beschleunigt sich: Wir sind auf die Flucht eingestellt und vorbereitet. Ein sinnvoller Vorgang, denn so wurde schon unseren frühen Vorfahren und wird auch uns ermöglicht, der drohenden Gefahr zu entrinnen und sie rechtzeitig zu erkennen. Angst ist also ganz klar ein Überlebensmechanismus, nicht etwa ein Fehler im System.

So lösen manche Situationen ganz instinktiv diesen Angst- und Fluchtmechanismus aus. Dazu gehören unerwartete und intensive Sinneseindrücke: Ein plötzlicher und unerwarteter Knall, ein Schritt im Dunkeln in kaltes Wasser oder gar eine Stufe hinunter, ein Blitz in der Nacht lassen uns zusammenzucken und provozieren eine deutliche Reaktion. Diese Angst ist direkt motiviert und geht meist schnell vorüber, es handelt sich nur um ein kurzes Aufblitzen des Angstgefühls.

Ganz anders sieht es mit der bewussten, eher im Verstand angesiedelten Angst aus. Auch diese Angst beinhaltet ein starkes Gefühl, doch basiert sie nicht auf körperlichen Erfahrungen, sondern wurzelt in der Sorge. Wir sorgen uns um unsere Gesundheit, um unsere Familie, um unsere Zukunft. Aus dieser Sorge kann eine Angst entstehen, die uns täglich ein wenig begleitet und latent immer vorhanden ist. Diese Ängste sind typisch menschlich und uns allen gemeinsam zu Eigen. Darüber hinaus gibt es natürlich individuelle Ängste, darunter auch die Flugangst, Höhenangst, Klaustrophobie oder die Angst vor Tieren.

Angst wird oft dem Mut gegenübergestellt. In diesem Zusammenhang erhält das Wort »Angst« eine neue Bedeutung: »Ängstlich« wird hier gleichgesetzt mit »feige«. Feigheit gilt in unserer Gesellschaft als verachtenswert, niemand wird gern für feige gehalten. Dem Mutigen gehört die Welt, der ängstliche Feigling wird nichts, erreicht nichts, hat nichts, schafft nichts. Diese Einstellung und Verwendung der Begriffe trägt dazu bei, dass Ängste ge- und verleugnet werden. Es ist immer noch schwierig, offen über seine Ängste zu sprechen – zu groß ist das Risiko, als Feigling abgestempelt zu werden. Feigheit wird als Charakterschwäche betrachtet.

Wenn wir in diesem Buch jedoch von Angst und Ängstlichkeit sprechen, ist niemals diese Begriffsdeutung gemeint. Die Angst gehört zum Mensch-Sein dazu und ist ebenso wie Mut, Verstand und Fantasie Teil unserer Persönlichkeit.

Hier herrscht Panik – Ängste betreffen Mensch und Pferd.

2.2. Was macht uns Angst?

Wir haben bereits gesehen, dass Angst als Überlebenshilfe in jedem Menschen verankert ist. Denken wir dies einmal in die andere Richtung, erkennen wir, dass letztendlich die Angst vor dem Tode als die große Urangst in uns allen wohnt – denn Angst soll ja dazu dienen, unser Überleben zu sichern.

Wovor konkret haben wir also Angst?

Wir haben Angst vor Schmerzen, und das sowohl im physischen als auch im psychischen Bereich. Körperliche Schmerzen sind nicht nur sehr unangenehm, sie erinnern uns auch an unsere Sterblichkeit. Schmerzen der Seele beeinträchtigen unser ganzes Denken, Fühlen und Handeln. Verlustängste sind ein typisches Beispiel für Ängste vor seelischen Schmerzen.

Um uns sicher zu fühlen, legen wir Wert darauf, uns selbst und unser Umfeld kontrollieren zu können – und wenn schon nicht wirklich kontrollieren, dann doch wenigstens einschät-

zen zu können: Wir legen Wert auf Berechenbarkeit. Kontrollverlust wird von vielen Menschen als angsteinflößend empfunden. Wenn wir nicht mehr beeinflussen können, was als Nächstes geschieht, sind wir der Situation und möglicherweise auch der Willkür anderer Menschen oder gar des Schicksals hilflos ausgesetzt. Diese Hilflosigkeit im Angesicht einer Gefahr oder auch nur einer ungewohnten Situation verunsichert zutiefst.
Nicht zuletzt macht dem Gewohnheitstier Mensch alles Fremde, Unbekannte und Ungewohnte oft zunächst einmal Angst, wenngleich hier auch die Neugier eine große Rolle spielt. Auch diese Angst hängt mit der Angst vor Kontrollverlust zusammen: Was wir nicht verstehen, begreifen und damit letztendlich kontrollieren und berechnen können, betrachten wir mit Skepsis.
Noch eine Angst wird von vielen Menschen geteilt, obwohl sie sich von den bisher genannten Ängsten deutlich abhebt: Das ist die Angst zu versagen. Auch dieses Gefühl muss ernst genommen werden, kann es doch viele Konsequenzen nach sich ziehen. Hier fühlt sich der Mensch jedoch nicht direkt und unmittelbar bedroht, die Bedrohung liegt in den Folgen seines Tuns: Die Gruppe könnte ihn verachten, seine Zukunftsaussichten könnten geschmälert werden, sein Ansehen sinken; gesellschaftliche Ablehnung stempelt das Individuum zum Außenseiter und nimmt ihm die Geborgenheit und Sicherheit, die es braucht und normalerweise innerhalb familiärer und gesellschaftlicher Strukturen erfährt. Gehen wir dieser Angst also auf den Grund, finden wir auch hier in letzter Konsequenz die Angst als Überlebenshilfe: Der frühe Mensch, der von seiner Gruppe verstoßen wurde, hatte deutlich geringere Überlebenschancen. Als soziales Wesen ist der Mensch darauf angewiesen, von anderen Menschen anerkannt zu werden.

Nicht immer erleben wir diese Zusammenhänge bewusst. Dennoch lassen sich viele Ängste auf diese Weise erklären. Bei der Flugangst beispielsweise spielt die Angst vor dem Kontrollverlust eine große Rolle: Der Mensch ist einer potentiell gefährlichen Situation ausgesetzt, ohne selbst in den Ablauf eingreifen zu können. Bei der Höhenangst signalisiert die Angst ein eigentlich durchaus sinnvolles »Achtung, Lebensgefahr!«, dass in seiner Ausprägung jedoch den normal sinnvollen Signalbereich überschritten hat.
Auf Reiter und Pferd bezogen können wir folgende Beispiele für angsteinflößende Situationen benennen:

1. Die Angst vor Schmerzen

Dies ist sicherlich eine Angst, die viele Reiter teilen – daher haben wir sie hier an die erste Stelle gesetzt. Die Angst vor einem schmerzhaften Sturz resultiert in erster Linie aus der Angst vor Verletzungen und Schmerzen, in letzter Konsequenz also aus der Todesangst, aus der Angst vor einem tödlichen Unfall. Hinzu kommt, dass wir die Situationen, die zu Stürzen führen, meist nicht kontrollieren können (deshalb kommt es ja zum Sturz), vor dem Unfall steht also schon der Kontrollverlust und das Gefühl der Hilflosigkeit. Folgen dieser Angst können sich unterschiedlich zeigen: Manche Reiter klammern sich mit den Beinen fest, andere halten sich am Zügel fest, um sich auf dem Pferderücken abzusichern. Leider resultiert aus diesen Maßnahmen keine erhöhte Sicherheit, sondern im Gegenteil ein erhöhtes Unfallrisiko – das instinktive Festhalten in dieser Form ist kontraproduktiv.

Kontrollverlust, gepaart mit der Angst vor einem Sturz – so sehen Reiterängste aus.

2. Die Angst vor Kontrollverlust

Ein besonders intensives Gefühl der Hilflosigkeit und des Kontrollverlustes erlebt der Reiter auf einem durchgehenden Pferd. Im schlimmsten Fall kann er weder Tempo noch Richtung bestimmen und ist dem normalerweise ebenfalls panischen Pferd machtlos ausgeliefert. Auch hier führt die instinktive Reaktion im Normalfall zum falschen Ergebnis: Heftiges Reißen und Zerren an den Zügeln ist dazu angetan, die Angst des Pferdes noch zu steigern; der Einsatz des nach hinten gelehnten Oberkörpers zum verstärkten Zügeleinsatz und Bremsen führt darüber hinaus zu einem unsichereren Sitz und erhöht das Risiko eines Sturzes. Ähnliche Gefühle erlebt der Reiter auf einem bockenden oder steigenden Pferd, je nachdem, wie stark das Pferd buckelt bzw. wie hoch es steigt.

Ein Auftritt vor Publikum schürt Versagensängste.

3. Die Angst vor dem Unbekannten

Das Unbekannte begegnet dem zukünftigen Reiter bei seiner ersten Begegnung mit dem Pferd. Er kann Pferde noch nicht »lesen«, ihre Reaktionen nicht einschätzen, ihre Kraft nicht beurteilen und ist an die Geschwindigkeit nicht gewöhnt. Und auch fortgeschrittene Reiter geraten immer wieder in Situationen, in denen sie von den Verhaltensweisen und Reaktionen ihres Pferdes überrascht werden. Dieses Unverständnis löst durchaus begründete Furcht aus, denn der Mensch kann sich nur dann gefahrlos zwischen Pferden bewegen und mit ihnen umgehen, wenn er Grundkenntnisse über ihr Wesen, ihr Verhalten, ihre Instinkte und Reflexe hat. Unkenntnis und Unwissen des Menschen sind ursächlich an vielen Unfällen mit Pferden beteiligt. Am Boden ist die Flucht die normale Reaktion auf ein aggressiv erscheinendes Pferd. Diese kann den Menschen kurzfristig in Sicherheit bringen, ist jedoch keine Option für einen langfristigen sicheren Umgang mit dem Pferd.

4. Versagensängste

Obwohl immer mehr Menschen ihre Freizeit ohne jeden Wettbewerbsgedanken mit dem Pferd verbringen, ist die Reiterszene doch immer noch zu großen Teilen von Prüfungen, Turnieren und Leistungsklassen geprägt. Wo hier Versagensängste entstehen können, liegt

auf der Hand. Doch auch fernab von jedem äußeren Leistungsdruck können Versagensängste entstehen. Der unerfahrene, aber verantwortungsbewusste Reiter fürchtet beispielsweise oft, bei seinem Pferd zu versagen. Und in beinahe jeder Gruppe gibt es Standards und Erwartungen, denen entsprochen werden muss. Dieser Gruppenzwang nötigt den Reiter, sich anzupassen und alles »richtig« zu machen. Die Kehrseite der Medaille besteht darin, dass wir in einer solchen Situation nicht mehr auf unseren Verstand und unsere innere Stimme hören, sondern fremdbestimmt das tun, was die Gruppe, die Mehrheit, der Turnierrichter, der Reitlehrer erwartet – obwohl wir es eigentlich vielleicht besser wüssten. Auf diese Weise kann es zu Fehleinschätzungen und Überforderungen von Pferd und Reiter kommen.
Nicht immer sind unsere Ängste konkret begründet durch Erfahrungen oder notwendige Vorsicht. Neben den realen Ängsten, die absolut berechtigt sind, gibt es auch irreale Ängste, die nicht in der Wirklichkeit, sondern in unserer Vorstellungswelt ihre Wurzeln haben. Nichtsdestotrotz können auch diese irrealen Ängste uns stark beeinflussen und beeinträchtigen.

2.3. Wie erleben wir unsere Ängste?

Teilen wir unsere Ängste der Einfachheit halber einmal ein in kleine Ängste, mittlere Ängste und große Ängste.

Ein Beispiel: Die Straßen sind glatt, ich muss jedoch mit dem Auto fahren.
Ein »bisschen« Angst haben wir relativ häufig. Sicher habe ich im Hinterkopf, was alles passieren kann, und daher latent Angst vor einem Unfall. Diese Angst kann man jedoch besser als Sorge betrachten, was uns zur Vorsorge und letztendlich zur Vorsicht führt. Eine sehr sinnvolle Sache: Wenn alle Verkehrsteilnehmer auf ihre besorgte, auch etwas ängstlich zu nennende innere Stimme hören, passieren deutlich weniger Unfälle – die Angst hat funktioniert und Leben gerettet.
Ist diese Sorge jedoch deutlich stärker ausgeprägt, laufen wir Gefahr, durch unser übervorsichtiges Fahrverhalten Unfälle sogar zu provozieren. Wir selbst wären alleine auf der Straße im Schleichtempo zwar nicht gefährdet, doch in unserer Rechnung fehlen die anderen Verkehrsteilnehmer, die unsere ängstliche Fahrweise nicht voraussehen können, von unserem langsamen Tempo überrascht werden und so je nachdem beim Ausweichen oder Bremsen in Unfälle verwickelt werden können bzw. auch uns in Unfälle verwickeln. Darüber hinaus kann Angst auch dazu führen, dass wir in kritischen Situationen überreagieren und so beispielsweise zu stark bremsen oder das Lenkrad verreißen.
Im schlimmsten Fall ist die Angst vor einem Unfall auf glatter Straße so stark ausgeprägt, dass wir uns erst gar nicht ins Auto setzen. Hier hat die Angst die Oberhand und blockiert uns vollkommen. Auch dies kann von Zeit zu Zeit seine Berechtigung haben; sicher gibt es Wetterverhältnisse, bei denen der vernünftige Mensch lieber daheim bleibt. Es ist jedoch auch denkbar, dass diese Angst schon beim ersten Anzeichen von Minusgraden zuschlägt: Hier geht es nicht mehr um Vernunft und gesunde Vorsicht, sondern um eine klar übersteigerte Angst. Oft können wir mit einer solchen Angst, egal, in welchem Bereich sie auftritt,

Erwachsene sind da schon skeptischer – was mag der kommende Ritt bringen?

kein normales Leben mehr führen. Alleine bekommt man diese Situation oft nicht in den Griff. In einem solch extremen Fall (im übertragenen Sinne) kann man von einer Angst-Erkrankung sprechen. Professionelle Hilfe und Therapie kann hier dabei helfen, die Ursachen herauszufinden, und Wege aufzeigen, mit dieser Angst umzugehen und sie zu bewältigen.

Solange das Gefühl der Angst mit unserem Verstand korrespondiert, können wir die Situation rational betrachten, wobei die Angst uns dabei hilft, die richtige Entscheidung zu treffen: Bei Eisregen bleiben wir nach Möglichkeit zu Hause, im Schnee fahren wir nur mit Winterreifen und/oder Schneeketten, bei leichtem Frost kalkulieren wir die Möglichkeit von stellenweiser Glätte ein und passen unser Fahrverhalten entsprechend an.

Übernimmt jedoch die Angst die Führung, sind wir dieser Emotion ausgeliefert und in unseren Reaktionsmöglichkeiten stark beeinträchtigt. Innere Blockaden bauen sich auf und führen dazu, dass die Angst sich eher noch steigert – wir sind in einem Teufelskreis gefangen, dem wir nur schwer entrinnen können. Diese übersteigerte Form der Angst ist weder sinnvoll noch hilfreich, sondern tatsächlich bereits als Angst an sich beängstigend!

Doch nicht nur der Grad unserer Angst entscheidet darüber, wie wir dieses Gefühl erleben. Auch unser Alter spielt dabei eine Rolle.

Kinder haben viele Ängste: Monster im Keller, Ungeheuer im Kleiderschrank, Gespenster im Dunkeln, Mörder unter dem Bett – wer erinnert sich nicht? Und auch ganz reale Dinge machen Kindern zu schaffen: Schikanen durch andere Kinder, Ärger mit den Eltern, Stress in der Schule sind nur einige Punkte, die auch jungen Menschen das Leben schwer machen können.

Das Bewusstsein für die eigene Verwundbarkeit und Sterblichkeit entwickelt sich jedoch erst im Laufe der Jahre. Vereinfacht könnte man sagen: Kinder fühlen sich unsterblich. Wenn ein Kind stürzt, hat es in der aktuellen Situation Angst, es weint wegen des Schocks und der Schmerzen. Dennoch werden immer wieder die Grenzen des Machbaren ausgetestet – wie schnell kann ich mit dem Fahrrad um diese Kurve fahren? Wie knapp kann ich den Rodelschlitten noch anhalten? Geht das Ganze einmal schief, hat man eine erste Grenze erfahren und versucht dennoch, sich immer weiter in den Grenzbereich vorzutasten – die Konsequenzen in Form von Unfällen werden in Kauf genommen, im Vordergrund stehen der Spaß, die Erfahrung und das Erlebnis der eigenen Mög-

Diese drei sind offensichtlich recht unbefangen. Bei allem Vertrauen sollte jedoch nicht auf die entsprechende Sicherheitsausrüstung verzichtet werden.

lichkeiten. Hinzu kommt, dass Kinder sehr viel beweglicher und flexibler als Erwachsene sind und sich bei solchen Stürzen nur selten ernsthaft verletzen. Die Angst vor Unfällen ist bei Kindern daher nicht so stark ausgeprägt wie bei älteren Menschen. Erwachsene haben bereits erfahren und manchmal auch schmerzhaft gelernt, dass sie weder unverwundbar noch unsterblich sind. Entsprechend stehen ihnen die möglichen Konsequenzen solchen Tuns klarer vor Augen. Sie agieren daher mit weniger Unbefangenheit und mehr Vorsicht. Ihrer Ängste erwachsen zu großen Teilen aus Wissen und Vorstellungskraft.
Erwachsene Reitanfänger tun sich aus diesem Grund oft sehr viel schwerer als Kinder. Ihnen fehlt die Unbefangenheit und Unbekümmertheit, die Kindern zu Eigen ist; ihre Vorstellungskraft macht ihnen da manchmal einen Strich durch die Rechnung. Darüber hinaus sind sie auch körperlich in vielen Fällen verspannter und unbeweglicher, was den Zugang zum Reiten natürlich erschwert. Während ein Kind sich meist relativ schnell auf den ungewohnten Bewegungsablauf einlassen kann und das neue Gefühl genießt, macht der Erwachsene sich oft bei jedem Schritt Sorgen über das, was möglicherweise geschehen könnte, und blockiert so sein Empfinden sowohl für seinen eigenen Körper als auch für den Körper und die Bewegungen des Pferdes.

»Wirf dein Herz voraus ...« – dieser Reiter braucht Herz, aber auch Verstand und die richtige Selbsteinschätzung.

3. Angstbewältigung

Wenn wir unsere Ängste verleugnen, verdrängen und negieren, bewahren wir eine große Distanz zu diesen Gefühlen; wir können sie dann nicht verstehen, wir können sie nicht annehmen und wir können sie nicht bewältigen. Lassen wir also unsere Angst an uns heran!

3.1. Der Umgang mit der Angst

»Das Einzige, was wir fürchten müssen, ist die Furcht an sich« – ein viel zitierter Satz! Und wie alle viel zitierten Sätze enthält er etwas Wahres.
Wenn wir der Angst die Führung überlassen und uns dieser Emotion ausliefern, gelingt es uns oft nicht, die Situation zu relativieren und richtig einzuschätzen. Wir müssen also einen Umgang mit der Angst finden, der es uns ermöglicht, die nötige Vorsicht walten zu lassen und dennoch nicht von unserem Gefühl überwältigt zu werden, sodass wir auch mit Hilfe unseres Verstandes die gefährliche Situation bewältigen können.
Zunächst einmal gilt es zu erkennen, dass Angst nichts ist, dessen man sich schämen müsste. Jeder hat Angst. Also: Akzeptieren wir unsere Angst als natürlich und normal! Nur wenn wir dieses Gefühl anerkennen, können wir auch lernen, damit umzugehen – Verdrängung funktioniert vielleicht kurzfristig, langfristig wird sie uns nicht bei der Bewältigung der Angst helfen, sondern diese im Gegenteil verhindern.
Dennoch wird es uns in der Situation selbst oft schwer fallen, rational zu überlegen und zu handeln. Gerade beim Reiten geht es oft sehr schnell: Ganz plötzlich scheut das Pferd und geht durch, auf einmal beginnt es zu steigen, ein unerwarteter Bocksprung bringt uns aus dem Sattel – in solchen Situationen müssen wir schnell, aber dennoch nicht nur instinktiv, sondern auch überlegt handeln. Wie wir bereits gesehen haben, kann der reine Instinkt uns hier durchaus in die Quere kommen, anstatt hilfreich zu sein.
Was können wir also tun, um in einer Angst-Situation richtig zu reagieren? Die richtige Vorbereitung hilft uns dabei, sowohl mit uns selbst als auch mit dem Pferd zurechtzukommen. Wir akzeptieren unsere Angst und gehen ihr auf den Grund: Warum habe ich in bestimmten Situationen Angst? Anders ausgedrückt: Wovor fürchte ich mich? Gibt es vielleicht gar keinen echten Grund, um Angst zu haben? Und wenn doch – was kann ich tun, um diese Ursache in den Griff zu bekommen und so der Angst den Boden zu entziehen? Wir schaffen also ein Bewusstsein über unsere Situation. Das ist der erste Schritt, um Ängste nicht nur zu erkennen, sondern auch zu überwinden.

3.2. Blockaden abbauen

Blockaden abbauen – das ist leichter gesagt als getan. Wir sollten uns immer wieder vor Augen halten, dass es sich dabei um einen Prozess handelt, der seine Zeit braucht. Wunder dauern etwas länger!
Doch es gibt einiges, das wir tun können. Unsere Angst angenommen haben wir bereits – ohne das geht es nicht. Schauen wir nun einmal genauer hin: Was genau ist es, das dieses Gefühl in uns auslöst? Beim Umgang mit Pferden und beim Reiten kommen dafür mehrere Dinge in Frage.

Wo so großes Vertrauen herrscht, haben Ängste keinen Nährboden.

Als Erstes wäre da ganz direkt das Pferd selbst zu nennen. Das können alle Pferde sein, weil sie so groß und auf den ersten Blick unberechenbar sind; das kann aber auch ein bestimmtes Pferd sein, weil es ungebärdig erscheint, aggressiv agiert oder beim Reiten bestimmte Eigenarten hat.

Überforderung kann Angst auslösen: Wenn der Reiter den Galopp noch nicht richtig beherrscht, wird er Angst bekommen, wenn es ans Springen geht, um nur ein Beispiel zu nennen. Generell wird Unsicherheit im Sattel sich leicht zu einem Angstgefühl steigern.

Ebenfalls beängstigend können der Reitlehrer, unsere Mitreiter oder Zuschauer sein – wenn wir Angst davor haben, uns zu blamieren, ihren Anforderungen nicht gerecht zu werden und öffentlich zu versagen, handeln wir oft wider besseres Wissen und bauen so immer mehr Ängste auf.

Wenn wir die Ursache unserer Angst erkannt haben, können wir ganz konkret damit beginnen, unser Verständnis und unsere Kompetenz zu verbessern sowie unser Selbstbewusstsein aufzubauen, sodass langfristig kein Grund mehr besteht, sich zu ängstigen.

Neben der Weiterbildung und dem Lernen, das beim Reiten niemals aufhört, brauchen wir auch die entsprechende Geisteshaltung, um Selbstbewusstsein entwickeln zu können.

Wir nehmen unsere Angst an und lernen, nachzugeben. Wir müssen nicht immer alles perfekt kontrollieren – wir können loslassen und uns dem Augenblick hingeben. Um Vertrauen zu erfahren, müssen wir uns fallen lassen. Wenn wir dann in uns hineinhorchen, werden wir Freude erfahren, die nahezu körperlich fassbar wird. Wir bekämpfen unsere Angst nicht – wir lassen sie los und empfangen das Glück, das uns dann geschenkt wird.

Praxis I: Realität schaffen

Wenn wir in unseren Ängsten gefangen sind, verlieren wir leicht den Kontakt zur Realität. Wir leben in unserer eigenen Welt, in der unsere Fantasie die Bedrohungen wachsen lässt, bis sie übermächtig erscheinen. Wichtig ist also zunächst, wieder in Berührung mit der Wirklichkeit zu kommen. Dazu nehmen wir uns die Zeit, uns in Ruhe hinzusetzen und ein paar Fragen zu stellen und zu beantworten. Dabei erforschen wir nicht nur die Ursache unserer Ängste, sondern trennen auch zwischen realen, aus der Erfahrung geborenen und irrealen, in unserer Fantasie entstandenen Ängsten.

Gehen wir unseren Ängsten auf den Grund:
Fühle ich mich in der Gegenwart von Pferden unsicher?

- Habe ich schlechte Erfahrungen gemacht? Kann ich ihr Verhalten nicht deuten, ihre Reaktionen nicht vorhersehen? Ist es vielleicht nur ein bestimmtes Pferd, das mich einschüchtert?
- Oder ist meine Angst irreal: Habe ich Angst vor Pferden, obwohl ich noch niemals in eine bedrohliche Situation mit einem Pferd geraten bin? Fürchte ich mich, obwohl ich beobachten kann, wie friedlich sich Pferde im Umgang verhalten? Habe ich das unverrückbare Gefühl, dass jedes Ohren-Anlegen eine aggressive Attacke nach sich zieht – obwohl ich es eigentlich besser weiß?

Fürchte ich mich vor dem Reiten an sich?

- Habe ich Angst vor der Auseinandersetzung mit einem Pferd? Bin ich bereits durch einen Buckler gestürzt oder saß auf einem durchgehenden Pferd?
- Oder ist meine Angst irreal: Überkommt mich generell vor dem Reiten ein mulmiges Gefühl? Beginnt meine Angst schon dann sich zu steigern, wenn ich nur den Fuß in den Steigbügel setze? Fühle ich mich im Sattel prinzipiell hilflos und ohnmächtig?

Fürchte ich mich davor, ein bestimmtes Pferd zu reiten?

- Überfordert mich dieses Pferd? Ist es noch nicht weit genug ausgebildet, ist es besonders schreckhaft oder temperamentvoll?
- Oder ist meine Angst irreal: Weiß ich schon von vorneherein ohne jeden Versuch, dass ich dieses Pferd nicht reiten kann? Bin ich mir sicher, dass es zu einem Sturz oder Unfall kommen wird, obwohl dieses Pferd unter anderen Reitern brav seine Runden dreht?

Habe ich Angst vor dem Reiten im Gelände?

- Sind es bestimmte Situationen beim Reiten, die meine Ängste auslösen? Sind es bestimmte Ecken, an denen mein Pferd scheut, ohne dass ich etwas dagegen tun kann? Fühle ich mich unwohl beim Galopp, beim Springen oder beim Ausritt in einer Gruppe, weil ich mein Pferd nicht kontrollieren kann oder unsicher im Sattel sitze?
- Oder ist meine Angst irreal: Fühle ich mich prinzipiell im Gelände unsicher, ohne genau sagen zu können, weshalb? Bin ich fest davon überzeugt, dass mein Pferd gleich scheuen wird, obwohl eigentlich kein Anlass dafür gegeben ist?

Habe ich Angst vor dem Unterricht bei meinem Reitlehrer?

- Hört er nicht auf mich, wenn ich mich überfordert fühle? Zwingt er mich, die Grenzen meiner Fähigkeiten zu überschreiten? Schimpft, schreit oder brüllt er?
- Oder ist meine Angst irreal: Besteht die harte Kritik bislang nur in meiner Fantasie? Habe ich überhaupt schon einmal versucht, mit ihm oder ihr über meine Ängste und Sorgen zu sprechen?

Scheue ich Publikum?

- Schlägt mein Magen schon einen Purzelbaum, wenn andere Reiter am Rande stehen, zusehen und kritisieren? Fürchte ich mich vor ihrem kritischen Blick, davor, dass sie mich auslachen?
- Oder ist meine Angst irreal: Habe ich denn schon einmal mit den Zuschauern über meine Scheu gesprochen und um Verständnis gebeten? Weiß ich überhaupt, wovon sie sprechen bzw. in welcher Weise sie über mich sprechen?

Sind meine Ängste konkret? Fürchte ich mich vor Hindernissen, weil mir das reiterliche Können noch abgeht?

Und noch eine Frage gehört zu unserer Selbsterkenntnis, auch wenn sie keine Ängste betrifft:

Warum habe ich mich für Reiten als Hobby entschieden?

- Reite ich zum Beispiel nur deshalb, weil meine Freundin es auch tut?
- Reite ich nur, weil es gerade schick ist, weil meine Freunde alle reiten oder weil ich gerne Tiere streichele?

Das ist keine sehr starke Motivation – und Motivation brauche ich, um es mit meiner Angst aufzunehmen. Eine starke Motivation kann (und muss) die Liebe zum Pferd sein, die Freude an der Bewegung, die Begeisterung für die Naturnähe und anderes mehr. Sonst steht ernsthaft die Überlegung an, ob der Reitsport das richtige Hobby für mich ist. Tierliebe kann ich auch anders ausleben, echte Freundschaften sind nicht von der Wahl des gleichen Hobbys abhängig – und »in« sein ist nicht alles! Ich muss mich nicht mit Reit-Ängsten herumquälen, wenn ich eigentlich gar nicht wirklich von ganzem Herzen reiten will. Im Gegenteil – damit tue ich weder mir noch den Pferden einen Gefallen.
Prüfen wir unser Herz, ob wir bereit sind, uns ernsthaft einzubringen und zu engagieren. Haben wir erst einmal erkannt, worauf unsere Ängste basieren, bieten sich uns verschiedene Möglichkeiten, an das Problem heranzugehen.

Praxis II: Techniken zur Angstbewältigung

A. Offenheit und Offenlegung

Für verschiedene Ängste gibt es verschiedene Problemlösungsansätze. Das ist sowohl von der Art der Angst als auch von ihrem Grad abhängig. Mit einem ganz einfachen Trick können wir unsere Versagensängste und unsere Ängste vor einer Blamage in den Griff bekommen – auch wenn er einiges an Überwindung kostet.
Noch einmal: Wir schämen uns nicht unserer Ängste! Und so können wir auch offen über unsere Gefühle sprechen. In dem Moment, wo wir das tun, haben wir eine große Angst bereits überwunden: Die Angst vor der Blamage, vor dem Versagen, vor dem Gruppenzwang hat nun keine Macht mehr über uns – denn wir haben das Schlimmste ja bereits offen ausgesprochen und zugegeben, wir haben die gefürchtete Situation vorweggenommen. Und so können wir uns jetzt ganz in Ruhe unseren eigentlichen Reit-Ängsten zuwenden. Aus unserer vermeintlichen Schwäche ist eine Stärke geworden. Das klingt ganz einfach, kostet jedoch oft große Überwindung.
Machen wir uns klar: Alle haben einmal angefangen, alle haben schon einmal Angst gehabt. Wir werden wahrscheinlich auf ein viel größeres Verständnis stoßen, als wir uns vorstellen können. Wir können in der Konsequenz später offen um Rücksicht bitten und problemlos auf manche Lektionen verzichten, denen wir uns noch nicht gewachsen fühlen – denn alle wissen Bescheid über unsere Situation.
Also: Geben wir uns einen Ruck! Hier hilft es tatsächlich, sich einmal ein Herz zu fassen und die Situation einfach auf sich zukommen zu lassen – auch wenn das großen persönlichen Mut erfordert. Etwas anders sieht es aus, wenn wir den herrschenden Leistungsdruck bereits so stark verinnerlicht haben, dass wir letztendlich nicht vor den Augen unserer Mit-

menschen, sondern vor uns selbst versagen. Hier fällt es uns schwerer, uns vom Druck zu befreien und uns zu entspannen. Auch uns selbst gegenüber müssen wir zu unseren Gefühlen stehen und lernen, uns ihrer nicht zu schämen.

Selbsterkenntnis

Entscheidend dafür, dass uns diese Geisteshaltungen voranbringen, ist die richtige Einschätzung unserer selbst sowie unseres Pferdes. Selbstüberschätzung ebenso wie Selbstunterschätzung verursachen stets neue Probleme.

B. Herz und Verstand

Unseren konkreten und realen Ängsten begegnen wir am besten mit einer Politik der kleinen Schritte. In der Praxis bedeutet dies oft, zurück zur Basis zu gehen und uns nur so schnell voranzutasten, wie wir uns sicher fühlen – wir erarbeiten alles langsam, aber sicher. Wie dies konkret aussehen kann, werden wir später sehen. Zwei Dinge seien jedoch bereits an dieser Stelle genannt.
Manchmal hilft es tatsächlich, »sein Herz vorauszuwerfen«, wie ein alter Reiterspruch sagt. Wenn wir all unseren Mut zusammennehmen und dafür mit einem Erfolg belohnt werden, wächst unser Vertrauen und Selbstbewusstsein. Voraussetzung dafür ist, dass der Erfolg sich auch tatsächlich einstellt – das will also wohl überlegt sein, am besten unter Anleitung eines Reitlehrers, dem wir vertrauen.
Eine andere hilfreiche Emotion kann der Trotz sein. Das gute alte »Das wollen wir doch mal sehen!« stimmt uns kämpferisch, wir trotzen unserer Angst. Auch dies wird nur dann zu Entspannung und Selbstvertrauen führen, wenn wir mit unserem Trotz Erfolg haben. Wichtig ist, dass sich diese Emotion nicht gegen das Pferd richten darf, sondern nur gegen unsere eigenen Ängste. Mit Herz und Verstand können wir Realität schaffen (wie bereits dargelegt) und unsere Ängste relativieren.

Ein Beispiel: Nehmen wir an, wir sind vom Pferd gefallen und haben nun Angst vor einem weiteren Sturz. Natürlich gibt es schwere und schlimme Unfälle, die in gewisser Weise zu Recht ein Trauma auslösen und nicht einfach auf die Schnelle abgehakt werden können. Die meisten Stürze gehen jedoch (Gott sei Dank!) eher glimpflich aus – ein paar blaue Flecken und Prellungen sind die häufigste Konsequenz. So ein Sturz kann in unserer Gefühlswelt dennoch große Ängste verursachen. Auch hier kann eine alte Reiterweisheit weiter helfen: Nach einem Sturz steigen wir mutig sofort wieder in den Sattel und verhindern so, dass das Negativ-Erlebnis einen prägenden Eindruck hinterlässt. Mit dem Verstand können wir uns das Geschehen noch einmal vor Augen führen, seine Ursachen erforschen und erkennen, dass es nicht ganz so dramatisch war, wie es uns unser Gefühl glauben machen möchte.
Wie wir der Angst vor dem Fallen darüber hinaus noch begegnen können, werden wir später noch sehen.
Eine minimale Risikobereitschaft gehört dazu! Der erste Galopp im Gelände beispielsweise ist immer eine aufregende und in gewisser Weise auch beängstigende Angelegenheit. Wenn wir uns jedoch nicht einmal ein Herz fassen und dieses Risiko eingehen, werden wir nie die Freuden erfahren, die uns ein solcher Galopp zu bieten hat.

C. Entspannungstechniken

Oft jedoch meldet sich unsere Angst nicht erst in der konkreten Situation, sondern hat uns schon vorher fest im Griff. Das mulmige Gefühl im Magen äußert sich möglicherweise sogar schon am Abend vorher: Ob morgen alles gut geht? Das wird dann eine unruhige Nacht. Auf der Fahrt zum Stall beschleunigt sich bereits der Pulsschlag, der ganze Körper verkrampft sich – von einem unbefangenen Herangehen an das Pferd, von Spaß am Reiten kann jetzt keine Rede mehr sein!

Hier hat sich die Angst schon verselbstständigt. Sie wird irreal, sie hat uns fest im Griff, auch wenn weit und breit noch keine Bedrohung zu erkennen ist, sie verhindert, dass wir uns entspannen und locker bleiben, und führt uns so in einen Teufelskreis, den wir unbedingt durchbrechen müssen.

Eigentlich sollten wir nur dann zum Pferd gehen und reiten, wenn wir wirklich mit Begeisterung und Freude dabei sind. Natürlich stellt sich oft auch eine gewisse Nervosität ein, wenn es gilt, ein neues Pferd kennen zu lernen oder neue Lektionen zu absolvieren. Auch ein kurzer Schreckmoment kann immer wieder auftauchen, wenn ein Pferd plötzlich scheut oder unerwartet die Ohren anlegt und giftet. All dies stellt selbstverständlich kein Hindernis für unsere Reitausbildung und Reiterpraxis dar. Aber: Die Freude muss überwiegen! Bei aller Vorsicht und Nervosität, bei allen Hummeln im Bauch sollten wir uns darauf freuen, mit Pferden umzugehen und sie zu reiten. Wenn die Angst die Freude verdrängt, stimmt etwas ganz grundsätzlich nicht. Hier können verschiedene Entspannungstechniken und Mittel helfen, uns zu beruhigen und mental einzustimmen.

Meditation

Meditation ist ein Überbegriff für die Besinnung und beschreibt für sich keine einheitliche Technik. Wer meditiert, konzentriert sich auf sich selbst und schaltet die Umwelt ab. Das klingt leicht, erfordert aber Anleitung und Übung. Meditation kann dabei helfen, zur Ruhe zu kommen, sich selbst zu finden und so letztlich in sich selbst zu ruhen.

Autogenes Training

Autogenes Training ist inzwischen weit verbreitet. Viele Kurse werden zu diesem Thema angeboten. Dieses Angebot sollte man nutzen, damit man die Technik von Anfang an richtig erlernt und anwendet.

Das autogene Training ist eine Methode der Selbstbeeinflussung. Dabei soll erreicht werden, dass man sich selbst in einen Zustand der Entspannung versetzen lernt. Es wird einem beigebracht, wie man es schafft, sich ausschließlich auf seinen Körper zu konzentrieren. Zunächst wird also der Körper mit bestimmten Übungen beeinflusst und entspannt (Beispiele: Schwereübung, dabei konzentriert man sich auf ein bestimmtes Körperteil; Atemübung, dabei wirkt man auf den Atemrhythmus ein; Herzübung, der Herzschlag wird gleichmäßig und ruhig durch Konzentration auf den Takt des eigenen Herzschlages).

In der späteren Phase geht es dann um das mentale Erleben von Bildern und Situationen. Man lernt, sich in eine Szene hineinzuversetzen und sie real zu erleben. Durch den entspannten Zustand, der durch die einführenden Übungen herbeigeführt wurde, können neue Problemlösungsansätze gefunden werden, ebenso wie die Einstellung zu bestimmten Situationen verändert werden. Selbsterkenntnis und bewusstes Nachdenken werden intensiv trainiert.

Progressive Muskelentspannung
Kurse zur progressiven Muskelentspannung können von Ärzten, Sportlehrern, Psychologen und Bewegungstherapeuten mit einer entsprechenden Ausbildung angeboten werden. Hier geht es darum, zunächst eine bewusste Anspannung herbeizuführen, um danach die Muskulatur zu entspannen. Dies führt zu einer als angenehm empfundenen Ruhe und Entspannung, die sich auch auf den Geist überträgt.

Biofeedback
Das Biofeedback basiert darauf, dass wir unsere körperlichen Funktionen und Vorgänge willentlich beeinflussen können und dass diese körperlichen Vorgänge mit unserem geistigen Befinden korrespondieren. Die körperlichen Zustände werden mit Hilfe von elektronischen Messinstrumenten sichtbar und somit bewusst gemacht. Dann kann der Mensch erlernen, diese Vorgänge zu beeinflussen. So kann beispielsweise bei Stress der Pulsschlag gesenkt und so der Stress abgebaut werden.

Original Bach-Blütentherapie
Die Original Bach-Blütentherapie ist zwar keine Entspannungstechnik, trotzdem möchten wir sie hier kurz aufführen. Sie ist benannt nach ihrem Erfinder Dr. Edward Bach und wird heute von vielen Menschen zur Selbstbehandlung und in zahlreichen medizinisch oder psychologisch orientierten Praxen eingesetzt. Bach erforschte und definierte »38 disharmonische Seelenzustände der menschlichen Natur«. Denen entspricht jeweils eine Heilpflanze. Seiner Therapie liegt zugrunde, dass Körper und Geist einander beeinflussen: Bach behandelt körperliche Krankheiten durch eine Beeinflussung der Seele. Bach-Blüten werden individuell zusammengestellt und helfen so unter anderem bei Nervosität, Angstzuständen oder Unsicherheit. Diese Therapie kann übrigens auch erfolgreich bei

Rescue Tropfen

Rescue Tropfen sind mittlerweile auch unter dem Namen Notfall-Tropfen sehr bekannt. Sie werden sowohl Mensch als auch Tier als erste Maßnahme in kleineren oder auch größeren Notfall-Situationen verabreicht. Rescue ist eine Kombination von fünf Bach-Blütenkonzentraten. Star of Bethlehem gegen Schock und Betäubung, Rock Rose gegen Panikgefühle, Impatiens gegen Stress und Spannung, Cherry Plum gegen die Angst, die Kontrolle zu verlieren, Clematis gegen die Tendenz »abzutreten«; das Gefühl, »weit weg zu sein«.

Die Original Bach-Blütentherapie hilft nicht nur Reitern. Sie können mit den individuell zusammengestellten Tropfen auch ihr Pferd erfolgreich therapieren.

Pferden angewandt werden, sodass sie sich vor allen Dingen dort anbietet, wo sich Ängste bei Reiter und Pferd schon sehr verhärtet haben. Sie kann helfen, Pferd und Reiter wieder in einen lernfähigen Zustand zu versetzen, und damit die notwendige Ausbildung beider erleichtern.

D. Entspannungsübungen für Reiter

Wir haben gesehen, dass Körper und Geist untrennbar verbunden sind und Hand in Hand gehen, wenn es um *Entspannung* geht. So ist es kaum vorstellbar, dass wir unseren Körper völlig entspannen, während wir im Geist Probleme wälzen. Wir können nicht die Seele baumeln lassen, wenn schmerzhafte Verspannungen unseren Körper quälen. Wie wir ganz praktisch an den Umgang mit dem Pferd und an das Reiten herangehen, werden wir später noch sehen. Die hier genannten Übungen sind generell hilfreich und können unabhängig von unseren sonstigen Fortschritten eingesetzt werden.

Aufs Pferd einstimmen

Sie sollten schon auf dem Weg zu Ihrem Pferd damit beginnen, in Stimmung zu kommen. Wenn Sie mit dem Auto zum Stall fahren, nutzen Sie den Weg, um abzuschalten und sich in

eine positive Grundstimmung zu versetzen. Legen Sie Ihr Lieblingslied ein, und singen Sie laut mit! Jeder von uns kennt bestimmte Lieder und Musikstücke, die uns in gute Laune versetzen und zum Mitsingen reizen. Nur zu – es hört ja keiner mit! Durch das laute Singen wird Ihre Gesichts- und Kiefermuskulatur gelockert.
Auf dem Fahrrad oder zu Fuß tut ein Walkman die gleichen Dienste. Freuen Sie sich auf das Reiten und alles, was dazugehört. Sagen Sie sich nicht: »Heute geht bestimmt wieder alles schief« – setzen Sie sich ein realistisches Ziel, das Sie ohne Stress erreichen können.

Keep smiling!
Lächeln Sie! Wenn wir gut gelaunt sind, stellt sich ein Lächeln ganz von selbst ein – doch funktioniert das auch andersherum: Sobald wir lächeln, wird sich unsere Stimmung heben. Sie müssen sich nicht albern vorkommen, auch wenn so ein Lächeln anfangs möglicherweise etwas nervös ausfällt – probieren Sie es aus und geben Sie nicht auf, wenn der Erfolg länger als zwei Minuten auf sich warten lässt. Sie werden sehen – ein Lächeln kann ansteckend sein und auch die allgemeine Atmosphäre positiv beeinflussen.

Atmen Sie bewusst!
Achten Sie einmal auf Ihre Atmung: In Stresssituationen neigen wir dazu, den Atem anzuhalten oder nur sehr flach zu atmen.
Besonders wichtig ist das Ausatmen: Wir atmen unseren Stress und unsere Angst heraus. Um die Entspannung durch das Ausatmen besonders deutlich zu empfinden, können Sie zunächst einmal bewusst tief einatmen und die Luft einige Sekunden anhalten, um dann lange und tief auszuatmen. Dabei senken Sie die Schultern und entspannen ihren Körper.

Lächeln Sie!

Der Ausbruch aus dem Teufelskreis

Wir haben bereits darauf hingewiesen, dass ein Zusammenhang zwischen dem Befinden von Reiter und Pferd besteht. Sehr oft wird das Verhalten des ängstlichen Pferdes vom Menschen als Ungehorsam interpretiert; andererseits empfindet das Pferd das Tun seines ängstlichen Reiter häufig als widersprüchlich. Es wird dadurch verunsichert und ihm werden – sicher oft völlig unbewusst – Schmerzen zugefügt.
Das ängstliche Pferd kann ein noch junges und unerfahrenes Pferd sein, das möglicherweise mit der Situation überfordert ist. Manche Pferde bleiben ihr Leben lang schreckhaft und vorsichtig.
Nur sehr selbstbewusste oder sehr erfahrene Pferde bleiben jedoch auch dann noch souverän, wenn sie einen unsicheren und ängstlichen Reiter tragen. Die Nervosität des Reiters überträgt sich auf das Pferd. Hinzu kommt, dass ängstliche Reiter oft dazu neigen, mit sehr kurzen Zügeln zu reiten und sich an diesen festzuhalten sowie mit den Beinen zu klammern. Für das Pferd ergeben sich hier nicht nur widersprüchliche, sondern obendrein auch noch schmerzhafte Signale: Der Schenkel drückt beständig, doch das Maul wird blockiert – was soll es nun tun? Die Verkrampfung des Reiters signalisiert eine Gefahr. Also wird das Pferd sehr aufmerksam auf seine Umwelt achten und entsprechend schnell auf Umweltreize reagieren – wie beim Menschen verstärkt auch beim Pferd die Angst und Nervosität den Fluchtreflex.
Diesen möglichen Zusammenhang zwischen einem unsicheren Reiter und einem ängstlichen Pferd dürfen wir nicht aus den Augen verlieren: Nur der Mensch kann diesen Teufelskreis durchbrechen, indem er Kompetenz erwirbt und sein Verständnis für die Situation des Pferdes verbessert.

Beim Pferd nicht verstummen
Reden Sie mit Ihrem Pferd, nicht nur um Anweisungen zu geben oder zu schimpfen. So knüpfen Sie Kontakt und gewinnen Vertrauen – sowohl Ihr eigenes als auch das des Pferdes. Beim Reiten kann das Sprechen mit dem Pferd Reiter und Pferd gleichermaßen beruhigen und entspannen. Es ist völlig egal, was Sie zu Ihrem Pferd sagen – wichtig ist nur ein beruhigender und sanfter Tonfall. Auch hier heißt es, sich nicht für das zu schämen, was man ist und was man tut – lassen Sie die anderen ruhig gucken. Das Sprechen kann Ihnen auch dabei helfen, Ihre Ängste zu erkennen und zu artikulieren. Und ein »Zähne-Zusammenbeißen« ist so nicht möglich. Verbissenheit bringt uns nicht weiter – also: Mund auf!

Alles locker?
Machen Sie Lockerungsübungen vor dem Reiten. So sind Sie bereits aufgewärmt und beweglich, wenn Sie aufsitzen. Bitten Sie einen Freund oder eine Freundin, Ihnen den Nacken und die Schultern zu massieren – das tut einfach gut, entspannt und beruhigt.

E. Vorstellungen verankern
Wenn wir in einer angsteinflößenden Situation plötzlich und spontan reagieren müssen,

können wir oft nicht mehr klar denken – Adrenalin jagt durch unseren Körper, körperliche Reflexe bestimmen unser Handeln, zum Überlegen bleibt weder Ruhe noch Zeit. Dem können wir ganz einfach begegnen, indem wir uns im Vorfeld bereits mit der Situation auseinander setzen, die uns Angst macht. Überlegen Sie genau: Wovor haben Sie Angst? Wie verhalten Sie sich in dieser Situation normalerweise? Welche Lösungsmöglichkeiten gibt es? Legen Sie sich ganz in Ruhe eine Strategie zurecht, wie Sie jeweils reagieren werden, und behalten Sie diese Strategie fest verankert im Hinterkopf. Auf diese Weise können Sie in der Krise Ihr vorbereitetes Programm abspulen, ohne groß nachdenken zu müssen, und so Ihren gefühlsmäßig bestimmten Reflexen ein Schnippchen schlagen. Planen Sie beispielsweise einen Ausritt von Anfang bis Ende durch: Wo werden Sie lang reiten? An welcher Stelle rechnen Sie mit Schwierigkeiten? Was werden Sie tun, wenn es so weit ist? Lassen Sie sich nicht von den Gegebenheiten überraschen! Durch eine genaue Vorbereitung gewinnen Sie Souveränität auch im Umgang mit schwierigen Situationen.

3.3. Grundlagen schaffen

All unsere Offenheit, all unsere Entspannung wird uns nur begrenzt weiterhelfen, wenn die Basis für eine erfolgreiche Zusammenarbeit mit Pferden nicht vorhanden ist. Ohne Ausbildung geht es nicht.

Reiten-Lernen hört niemals auf – auch die besten Reiter (bzw. gerade die besten Reiter) trachten stets danach, sich weiter zu verbessern, ihre Hilfengebung zu verfeinern und ihr Verständnis zu vergrößern. Und Reiten-Lernen beginnt nicht erst im Sattel. Reiten ist kein Sport wie Fahrrad fahren oder Fußball – unser Sportgerät hat eine eigene Persönlichkeit, einen eigenen Willen und eigene Bedürfnisse. Nicht umsonst sprechen wir vom Pferd normalerweise als von unserem Partner, sei es in sportlicher Hinsicht oder bei der Freizeitgestaltung. Es gilt, das ganze Wesen unserer Pferde zu erfassen, damit wir ihre Verhaltensweisen richtig interpretieren können und so Missverständnisse vermeiden.

Es ist nicht möglich, den Prozess des Lernens endgültig abzuschließen. Jeder neue Tag, jedes neue Pferd bringt neue Erkenntnisse, neue Erfahrungen – wenn wir bereit und offen sind, diese anzunehmen. Vieles lernt sich ganz nebenbei und entspannt, wenn wir es schaffen, das Pferd möglichst weit in unseren Alltag einzubinden. Natürlich sind hier die Menschen mit eigenem Pferd klar im Vorteil, und auch bei denen wiederum haben es die am leichtesten, die ihre Pferde in Eigenregie halten. Wer sein Pferd den ganzen Tag um sich herum hat, bekommt einen 24-Stunden-Einblick in dessen Leben, der weit über die eine Stunde Reiten am Tag hinaus geht. Doch auch, wer sein Pferd in einem Pensionsstall untergebracht hat oder auf Schulpferden reitet, kann seine Freizeit über die Reitstunden hinaus sinnvoll mit dem Pferd gestalten.

Dazu gehören entspannte Spaziergänge ebenso wie eine ausgiebige Pflege des Tieres. Auch das Misten eines Stalls und das Füttern der Pferde schadet nicht – wenn es auch vielleicht nicht jedermanns Vorstellung von der idealen Freizeitgestaltung entspricht ...

Man kann auch die Nähe zu den Pferden suchen, ohne sich dabei aktiv mit ihnen zu beschäftigen. Sie möchten an einem schönen Sommertag in Ruhe ein gutes Buch lesen? Warum suchen Sie sich nicht ein schattiges Plätzchen an der Weide? Allein die längerfri-

Sita zieht die Schleppe für den Reitplatz – für sie ganz selbstverständlich, auch wenn die Leinen hier sehr lang sind.

stige und ruhige Gegenwart des Menschen baut beim Pferd Vertrauen auf, während Sie ganz nebenbei einen Einblick in den Pferdealltag gewinnen können.

Noch ein anderer Ansatz: Lösen Sie sich von dem Gedanken, das Pferd als reines »Sportgerät«, als reines Reittier anzusehen. Pferde können mehr – zum Beispiel sind die meisten gerne bereit, auch einmal, wie auf diesem Foto zu sehen, eine Schleppe zur Bearbeitung des Reitplatzes zu ziehen.

Natürlich braucht es für solche Anforderungen wiederum viele Kenntnisse und Erfahrungen. Suchen Sie sich jemanden, dem Sie vertrauen und der Ihnen dabei hilft, das Pferd an solche neuen Aufgaben heranzuführen. Die Mühe lohnt sich: Je umfassender und vielseitiger die Aufgaben sind, die Sie mit Ihrem Pferd bewältigen, desto sicherer und selbstverständlicher wird das gesamte Miteinander gestaltet werden können.

Wenn wir Pferde richtig kennen lernen, können wir ihr Verhalten in den richtigen Zusammenhang stellen – Situationen, die wir zunächst als angsteinflößend empfunden haben, können nun von einem anderen Standpunkt aus neu beurteilt werden.

Colette und Plejade demonstrieren Pferdefreundschaft – Pferde brauchen Pferde.

Praxis III: Verhaltenskunde

Wichtigste Grundlage ist die Kenntnis des Verhaltens unserer Pferde. Nur wenn wir sie richtig beurteilen und einschätzen können, nur wenn wir auf ihr Verhalten angemessen reagieren können, ist eine Zusammenarbeit möglich. Schauen wir uns dieses Verhalten also einmal genau an.
Diese Aufforderung können Sie wörtlich nehmen! Die besten Lehrmeister sind unsere Pferde selbst. Nehmen Sie sich Zeit und beobachten Sie, was in einer Pferdeherde geschieht. Begleiten Sie Pferde in ihrem Alltag, schauen Sie genau hin, und machen Sie sich bewusst, wie Pferde interagieren und reagieren. Viele Menschen gehen nur zum Reiten zum Pferd –

Pferdewissen

Drei Dinge über Pferde sind allgemein bekannt:

1. Ein Pferd ist ein Herdentier.
2. Ein Pferd ist ein Fluchttier.
3. Ein Pferd ist ein Lauftier.

Was diese drei Aussagen jedoch konkret alles beinhalten, wird oft vernachlässigt. Zu oberflächlich ist dann die Auseinandersetzung mit diesen wichtigen Eigenschaften. Gehen wir den Dingen also auf den Grund!

das Pferd wird geputzt, gesattelt, geritten und wieder »weggestellt«. Was außerhalb dieser Stunde passiert, welche Stellung das Pferd in seiner Herde einnimmt, ob es eine Führungsnatur oder rangniedrig ist, welche Freundschaften es pflegt – all dies wissen solche Reiter meist gar nicht. Doch auch unter dem Sattel kann ich mein Pferd nur dann korrekt einschätzen, wenn ich es wirklich kenne – und nicht nur dieses spezielle Pferd, sondern auch die Spezies Pferd im Allgemeinen.

1. Ein Pferd ist ein Herdentier.
Was bedeutet das? Ganz klar: Pferde leben von Natur aus in Gruppen zusammen.
Erste Schlussfolgerung: Ein Pferd braucht andere Pferde – **ein** Pferd ist **kein** Pferd! Die Haltung eines Pferdes in »Einzelhaft« wird unweigerlich dazu führen, dass das Pferd unglücklich ist und mit großer Wahrscheinlichkeit ein gestörtes Verhalten an den Tag legt, das Probleme verursachen kann. Doch was hat es darüber hinaus mit einer Herde auf sich? In einer Herde gibt es eine fest gefügte Sozialstruktur, in der jedes Mitglied seinen Platz hat und in der jedes Mitglied den Schutz und die Sicherheit der Herde genießt. Das rangniedrigste Pferd wird als Letztes zur Wasserstelle gehen, doch es kann im Schutz der Gruppe an der Tränke stehen, um ein Beispiel zu nennen.
Viele Reiter scheuen sich, dem Pferd als Chef gegenüberzutreten. Sie möchten der Freund ihres Pferdes sein und sorgen sich, dass das Pferd ihnen seine Freundschaft verweigern könnte, wenn sie es auf einen rangniederen Platz verweisen. Diese Menschen übersehen etwas Grundlegendes: Ein starker Chef gibt Sicherheit und garantiert auch dem schwächsten Mitglied der Herde Schutz. Ebenso vermittelt der Mensch, der konsequent den Rang des Chefs beansprucht, dem Pferd Sicherheit und Vertrauen. Der freundliche Gleich- oder gar Niederrangige jedoch bietet beides nicht – also wird das Pferd danach trachten, selbst die Führung zu übernehmen. Probleme sind vorprogrammiert.
Wer jedoch vehement darauf besteht, Chef seines Pferdes zu sein, ohne die damit einhergehenden Pflichten sorgfältig wahrzunehmen, der wird seiner Verantwortung als Führungspersönlichkeit nicht gerecht und der wird auch das Vertrauen seines Pferdes weder verdienen noch erlangen. Chef sein bedeutet: Ich übernehme die Verantwortung für das Wohlergehen meines Pferdes. Wenn ich von ihm verlange, mir überallhin widerspruchslos zu folgen, dann muss ich dafür Sorge tragen, dass dies tatsächlich unter meinem Schutz gefahrlos möglich ist. Dazu gehört vorausschauendes Denken und Handeln unter Berücksichtigung der Möglichkeiten und Bedürfnisse meines Pferdes. Nicht nur die Sicherheit im Hinblick auf körperliche Unversehrtheit ist zu berücksichtigen, sondern auch die Sicherheit bei der täglichen Arbeit im Hinblick auf die geforderten Leistungen: Wer sein Pferd ständig überfordert, verdient von dessen Seite kein Vertrauen.

Normalerweise genügt eine warnend ausgesprochene und durch Körpersprache verdeutlichte Drohung, um das Pferd auf seinen Rang zu verweisen. Wird die Position des Menschen jedoch ernsthaft in Frage gestellt, sollten wir uns eines vor Augen führen: Ständige Ermahnungen führen uns nicht weiter. Wenn das Pferd uns beispielsweise beim Führen anrempelt und ignoriert, ohne auf ein Zupfen am Halfterstrick oder ein Wegschieben zu reagieren, ist nichts gewonnen, wenn wir nun alle zwei Meter am Strick rucken und immer wieder gegen die Schulter drücken – solange das Pferd sein Verhalten nicht ändert, ist es uns nicht gelungen, unsere Position zu behaupten. Was ist in einer solchen Lage zu tun? Selbstverständlich dürfen wir niemals die Selbstbeherrschung verlieren und uns von eventuellen Frustrationsgefühlen leiten lassen. Dennoch können wir energisch werden – und sollten das in einem solchen Fall auch tun. Eine heftige, aber kurze Auseinandersetzung bringt mehr als ein andauerndes Tadeln – und ist langfristig gesehen auch für das Pferd die angenehmere Alternative, da es in der Folgezeit gelobt statt getadelt wird. Also: Lieber einmal – im richtigen Moment, mit dem nötigen Verständnis und auch vom Standpunkt des Pferdes gesehen mit Recht! – das Pferd energisch zurechtweisen. Vorbild hierfür ist das Verhalten von Pferden untereinander: Bei geklärten Rangverhältnissen genügt auch in der Herde meist eine Drohgebärde, ein Anlegen der Ohren oder ein kurzer Scheinangriff. Bei echten Rangkämpfen jedoch geht es zur Sache – mit Zähnen und Hufen.
Konsequenz gehört zu den wichtigsten Dingen überhaupt beim Umgang mit Pferden. Wer heute so und morgen anders handelt, stürzt seinen vierbeinigen Partner in große Verunsicherung. Wenn wir einmal die Chefposition beansprucht haben, liegt es an uns, dies konsequent zu verfolgen. Als Chef werden wir weder angerempelt noch angeknabbert, als Chef gehen wir selbstverständlich zuerst durch die Tür, und als Chef obliegt es uns immer, dafür Sorge zu tragen, dass unser Pferd optimal versorgt wird. Wer sich in den kleinen Dingen konsequent verhält, wird oft gar nicht erst mit großen Schwierigkeiten zu kämpfen haben.

2. Ein Pferd ist ein Fluchttier.

Auch wenn heute keine Raubtiere mehr hinter den Bäumen lauern – der Fluchtinstinkt ist tief verwurzelt in unseren Pferden. Nahezu unverfälscht ist er von den ursprünglichen, wilden Pferden an unsere domestizierten »Hauspferde« vererbt worden. Die Flucht wird nicht erlernt, sondern liegt unseren Pferden wortwörtlich im Blut – als wichtigster Überlebensstrategie kommt ihr große Bedeutung zu. So kommt es auch, dass unsere Pferde ihre Fluchtbereitschaft nicht davon abhängig machen, ob eine Gefahr real oder nur scheinbar besteht: Erst fliehen, dann schauen, lautet die Devise!
In unserer zivilisierten Welt bringt diese Einstellung leider so manches Problem mit sich: Was, wenn der Fluchtweg das Pferd direkt auf die nächste Straße führt? Vor dem Vogel im Gebüsch gerettet, aber vom Auto überfahren – keine gute Bilanz. Um so wichtiger ist es auch in diesem Zusammenhang, dass der Mensch sich als vertrauenswürdiger Führer erweist: Nur wir können vermeintliche von echten Gefahren unterscheiden und uns und unser Pferd so vor Schaden bewahren.
Als Reiter müssen wir immer damit rechnen, dass unser Pferd plötzlich vor etwas scheut, dass wir vielleicht längst als ungefährlich erkannt und eingeschätzt haben. Hinzu kommt, dass Pferde über ein anderes Blickfeld als wir Menschen verfügen und daher auf Dinge,

Die Körperhaltung des Schimmels Gipsy drückt Spannung aus: Der Kopf ist hoch erhoben, die Ohren sind gespitzt.

die sich schräg hinter ihnen bewegen (die wir in unserem Blickfeld gar nicht wahrnehmen können), sensibel reagieren. Generell führen plötzliche Bewegungen oft zu heftigen Reaktionen: Ein Hase, der unerwartet über eine Wiese springt, kann schon zu viel für das Nervenkostüm unseres Vierbeiners sein. Als Reiter müssen wir also ein »Pferdeauge« entwickeln, damit wir die Reaktionen unseres Pferdes vorausahnen können.

Da der Fluchtinstinkt nicht erlernt, sondern ererbt ist, können wir ihn dem Pferd nicht aberziehen oder abgewöhnen. Strafen werden daher keine Wirkung erzielen! Unsere Erziehung muss dahin zielen, das Vertrauen und den Respekt unseres Pferdes zu erwerben, damit es sich uns in einer Fluchtsituation anvertraut und unser Urteil nicht in Frage stellt – weil es gelernt hat, uns als Chef zu akzeptieren. Das ist eine hohe Anforderung, denn bei einer vermeintlichen Gefahr neigen viele Pferde dazu, den Menschen erst einmal zu ignorieren – wir sind einfach nicht wichtig genug, wenn es um Leib und Leben geht. Auch wenn nicht sofort im Galopp geflüchtet wird, ist die innere Anspannung gut zu erkennen: Das Pferd steht hoch aufgerichtet, die Ohren sind gespitzt, jeder Muskel des Körpers ist angespannt und bereit zum sofortigen Einsatz. Spätestens jetzt ist der Mensch gefragt, sich die Aufmerksamkeit seines Pferdes wieder zu sichern und souverän und beruhigend einzuwirken.

Pferde brauchen Bewegung – Freija und Gipsy genießen die abendliche Kühle und toben sich einmal so richtig aus.

3. Ein Pferd ist ein Lauftier.

In seiner natürlichen Umgebung verbringt ein Pferd einen Großteil des Tages mit der Futteraufnahme. Dabei geht es im so genannten Weideschritt langsam, aber stetig voran und legt so beträchtliche Kilometer zurück. Da unsere Pferde heute nicht mehr in der Weite der Steppe leben, können wir ihnen ein solches Leben auch nicht bieten. Ein Kompromiss muss also her.

Die Vorteile der Gruppenauslaufhaltung sind schon oft beschrieben worden. Das Leben in einer räumlich stark begrenzten Box kommt dem natürlichen Bewegungsbedürfnis des Pferdes ebenso wenig entgegen wie dem Bedürfnis des Pferdes nach weiter Sicht, um sich vor Gefahren rechtzeitig in Sicherheit bringen zu können. Die Box kann also nicht als alleiniger Aufenthaltsort dienen. Wer sein Pferd in der Box hält und nur einmal am Tag zum Reiten herausholt, vernachlässigt seine Pflichten in grober Weise, zumal die Bewegung unter dem Reiter das freie Herumtoben, Wälzen und Schlendern auf der Weide keinesfalls ersetzen und ausgleichen kann. Da nimmt es nicht wunder, wenn ein solches Boxenpferd, das in einer extrem reizarmen Umgebung Tag für Tag herumsteht, auf einem Ausritt einmal seinem Temperament die Zügel schießen lässt – und so seinen Reiter in Schwierigkeiten

Artgerechte Haltung

Nur von einem artgerecht gehaltenen Pferd können wir erwarten, dass es gelassen, ruhig, freundlich und aufmerksam unter dem Reiter geht. Nur ein ausgeglichenes Pferd kann einem ängstlichen Reiter das nötige Vertrauen geben.

bringt, der daraufhin sicherheitshalber beschließt, fortan doch lieber wieder nur in der Halle zu reiten. Es entsteht ein Teufelskreis, aus dem es so schnell kein Entrinnen gibt, so lange die Haltungsbedingungen des Pferdes nicht verbessert werden.
Auch körperliche Schäden werden durch die Boxenhaltung begünstigt. Lange Stehphasen wechseln mit kurzen Phasen heftiger Belastung, sodass das Verletzungsrisiko steigt.
Bei der Weide- und Gruppenauslaufhaltung hat das Pferd Gesellschaft (idealerweise auch eine feste Herdenstruktur, die Sicherheit und Geborgenheit bietet), Licht, Luft, Aussicht und Bewegung. Infolgedessen wird es normalerweise auch gesünder und widerstandsfähiger sein. Doch auch diese Haltung entspricht nicht den natürlichen Lebensbedingungen. Es fehlt etwas ganz Entscheidendes: die Herausforderung!
Futter muss nicht mühsam »erlaufen« werden – es wird frei Haus mundgerecht serviert. Die Wasserstelle ist nicht kilometerweit von den Futtergründen entfernt, und es lauern keine Raubtiere an der Tränke. Kurz gesagt: Langeweile macht sich breit, wenn das Leben auf derart engem Raum so gesichert und eintönig verläuft.
Zu einer artgerechten Pferdehaltung gehört daher immer auch ein artgerechtes Training mit einer dem Pferd angemessenen Aufgabenstellung.

Praxis IV: Sichere Ausrüstung für Reiter und Pferd

Die Ausrüstung des Reiters

Zum Thema Ängste gehört auch das Thema Sicherheit und Sicherheitsempfinden. Über das bewusste Wissen von möglichen Gefahren und das Nutzen von sicherheitsrelevanten Verhaltungsweisen und Ausrüstungen kann man sowohl das objektive als auch das subjektive Gefühl der Sicherheit erlangen. Des Weiteren können wir über Sicherheitsmaßnahmen auch vermeiden, in gefahrbringende Situationen zu gelangen, die wiederum Ängste hervorrufen können.
Überall in der Gesellschaft hört man immer wieder von schweren Unfällen, auch Reiter sind davor nicht gefeit. Vermutlich wird es auch immer wieder Unfälle geben, auch solche, die man selber in diesem Moment nicht direkt beeinflussen kann, aber mit Hilfe von Sicherheitsausrüstung ist es oft möglich, die Folgen zu mildern. Dazu kommt häufig der psychische Aspekt: Teilweise wird die Angst vor einem Sturz deutlich kleiner, damit strahlt der Reiter mehr Sicherheit aus, und gefährliche Situationen können entschärft werden. Beginnen wir also mit der Sicherheitsausrüstung für den Reiter.

Helmpflicht!

Eines der elementarsten Ausrüstungsgegenstände ist die Reitkappe bzw. der Reithelm. Sie soll einen der wichtigsten Teile unseres Körpers schützen: unseren Kopf! In den letzten

Die meiste Zeit des Tages bewegt sich Cinnamon im Weideschritt über die Wiese.

Jahren sind immer mehr Helme aus modernsten Materialien auf den Markt gekommen, die weder in der Trageigenschaft noch im Aussehen etwas mit den noch bis vor 20 Jahren bekannten schwarzen, mit Samt überzogenen Kunststoffkappen zu tun haben. In der Regel sind die Helme heute leichter, luftdurchlässiger und meist individuell in der Passform verstellbar. Wenn man möchte, kann man sie auch farbig erhalten. Zur Not bekommt man einen farbigen Überzug, den es z.B. für Military-Helme gibt. Achten sollten Sie bei dem Kauf einer Kappe auf jeden Fall darauf, dass sie sich auf Ihre Kopfgröße einstellen lässt und nicht drückt. Heute ist eine Drei-Punkt-Befestigung für den Kinnriemen üblich, die die Kappe sicher an ihrem Platz hält. Ein guter Fachhändler kann Ihnen bei der Wahl bestimmt behilflich sein. Aber kaufen alleine nützt nichts: Tragen müssen Sie sie auch! Für Westernreiter gibt es mittlerweile ebenfalls einen Westernhut-Kopfschutz. Die Schale kann unter jedem Westernhut getragen werden.

Eine Grundausstattung: Sicherheitsweste, Leuchtweste für Dämmerung und Dunkelheit, Reitkappe und Handschuhe.

Schutz für den Rücken

Gerade wer Angst vor Stürzen und eventuellen Rückenverletzungen hat, fühlt sich mit einer Sicherheitsweste wesentlich sicherer. Diese gibt es inzwischen auch in verschiedenen Ausführungen und Preislagen. Die Bekannteste ist die etwas klobig aussehende Version, die man vor allen Dingen wieder aus dem Bereich der Military kennt. Früher oftmals als schweißtreibend einengende Weste bekannt, gibt es sie inzwischen auch aus leichteren, atmungsaktiveren Materialien. Eine durchaus brauchbare Alternative ist der »Rückenprotektor«: Unter Motorradfahrern schon lange fester Bestandteil der Ausrüstung, gibt es ihn nun auch in einer reitfreundlichen Variante. Er lässt sich sogar bequem unter einer Jacke anziehen. Die Schutzwirkung ist dafür etwas geringer als bei der Schutzweste, aber sicherer als »ohne alles« ist es bestimmt. Auch hierbei sollte man die psychologische Wirkung nicht unterschätzen – auch wenn Sie »nur« spazieren reiten wollen, eine Schutzausrüstung ist immer angebracht und richtig!

Sicheres Schuhwerk

Sowohl für die Arbeit rund ums Pferd als auch für das Reiten an sich sind feste Schuhe unbedingt notwenig. Ob Sie nun allerdings feste Stiefel, Stiefeletten oder andere knöchelhohe Schuhe tragen, ist Geschmacks- und Gefühlssache. Wer mit seinem Pferd ein bis zwei Stunden an der Hand spazieren geht, ist wahrscheinlich in diesem Moment mit Wanderschuhen gut beraten, wer sportlich springen oder dressurreiten möchte, zieht vermutlich Stiefel vor. Wichtig ist, dass Sie sich in den Schuhen wohl fühlen, genügend Platz für die Zehen haben, die Schuhe Halt im Fußgelenkbereich geben, die Sohle nicht zu grobstollig ist und ein kleiner Absatz vorhanden ist. Inzwischen gibt es bequeme Schuhe, die besonders zum Reiten gedacht sind, aber eher wie hohe Turn- oder Schnürschuhe aussehen.

Die Ausrüstung des Pferdes

Sattel- und Zaumzeug-Check

Zur sicheren Ausrüstung gehört immer ein gepflegtes Lederzeug ohne Risse. Besonders die Steigbügelriemen und die Gurtstrupfen sollten vor jedem Aufsteigen kontrolliert werden! Nicht nur das Material an sich, sondern auch die Nähte sollten aufmerksam betrachtet werden. Nichts ist unangenehmer und gefährlicher als ein Steigbügelriemen oder ein Zügel, der im ungünstigen Moment reißt.

Gut zu erkennen ist der Rückenprotektor.

Natürlich sollte der Sattel an sich sehr gut verarbeitet sein – minderwertiges Leder hat eine kürzere Lebensdauer, schlecht verarbeitete Nähte können sogar gefährlich werden.
Die meisten Sättel sind mit einer so genannten Sturzfeder ausgerüstet, die sich bei starkem Zug der Steigbügelriemen nach hinten öffnen soll. Dazu ist allerdings notwendig, dass sie auch regelmäßig kontrolliert und leichtgängig gehalten wird.
Ein weiterer wichtiger Ausrüstungsgegenstand sind die Steigbügel. Sie sollten breit genug sein, möglichst schwer und so ausgeführt, dass man im Falle eines Sturzes nicht in ihnen hängen bleiben kann. Dafür gibt es unterschiedliche Systeme: Sicherheitsbügel, die seitlich einen Gummi haben; Steigbügel-Löse-Systeme, die sich in einer bestimmten Stellung des Bügels öffnen, Steigbügel mit einer geschwungenen Form an der Seite. Darüber hinaus gibt es verschiedene Ausführungen von Steigbügeln, die ein Durchrutschen des Fußes nach vorne verhindern, z.B. Camargue-Seigbügel oder geschlossene Kunststoffsteigbügel. Inzwischen gibt es sogar den »Toe-Stopper« für jeden normalen Steigbügel zum Nachrüsten, per Klettsystem wird ein festes Lederstück vor dem Fuß am Steigbügel befestigt und verhindert so ein Durchrutschen nach vorne.

Für ein sicheres Gefühl im Sattel sorgt aber ebenso die Wahl des richtigen Sattels wie die Wahl der Reitkleidung. Wer sich unsicher fühlt und dann eine Reithose mit einem sehr rutschigen Material auf einem großen, flachen Sattel benutzt, fühlt sich unter Umständen wie das berühmte Stück Butter auf der heißen Kartoffel. Das führt dann oft zu Verkrampfungen, die wieder zu Unwohlsein führen, die wieder das Pferd verunsichern usw. – nichts Neues mehr, oder? Also, was kann man dabei tun: Der Sattel muss Pferd und Reiter passen! Je unsicherer Sie sich fühlen, desto mehr sollten Sie nach einem Sattel mit eher tiefem Sitz schauen. Aber achten Sie auch darauf, was Sie mit Ihrem Pferd tun wollen – Klettern im Gelände macht weder in einem Dressursattel mit tiefem Sitz noch in einem Westernsattel mit Horn wirklich Spaß! Es gibt inzwischen so viele verschiedene Sättel auf dem Markt, dass man fast schon den Überblick verlieren könnte – kaufen Sie also nicht den, der im Katalog oder auf der Messe so toll aussieht, sondern suchen Sie sich einen Händler, der Ihnen auch verschiedene Modelle zum Ausprobieren anbieten kann. Reiten Sie, so oft Sie können, mal in »fremden« Sätteln, dann finden Sie schnell heraus, welcher Sattel Ihnen ein gutes Gefühl gibt.
Das alleine reicht noch nicht – so ein Sattel muss auch Ihrem Pferd passen! Typische Sättel, die einem einen festeren Halt bieten, sind z.B. spanische Sättel, Camargue-Sättel, Westernsättel, manche Wanderreitsättel usw.
Nicht jeder Sattel ist für jeden Reiter geeignet. Denken Sie nicht: »Daran werde ich mich schon gewöhnen«, wenn Sie sich auf Anhieb unwohl fühlen. Der Sattel beeinflusst den Sitz des Reiters sehr stark, also testen Sie! Wer sich im Sattel verkrampft, weil er sich unwohl fühlt, wird auch nicht losgelassen reiten können – der Körper wirkt auf die Psyche.
Zu bedenken ist: Ein Pferd, bei dem der Sattel drückt, wird sich verspannen, dazu kommen später Schmerzen und damit unerwünschte Reaktionen wie Bocken oder Durchgehen – und das war ja das, was wir unbedingt verhindern wollten.
Auch bei der Passform von Kopfstück und Gebiss muss man die Augen offen halten. Das Gebiss muss die richtige Breite haben und sollte auch bei Annehmen des Zügels dem Pferd keine Schmerzen bereiten. Das Gebiss darf keine scharfen Kanten aufweisen. Es sollte weder zu dünn noch zu dick sein – wer meint, ein dickes Gebiss wäre immer weicher und angenehmer für das Pferd, kann sich besonders bei Pferden mit kleinen, zierlichen Köpfen irren, die Maße müssen zueinander passen.
Auch die Behauptung, es gäbe sanfte und scharfe Gebisse, kann man nicht so einfach aufstellen. Für ein gut ausgebildetes Pferd kann es angenehm sein, über leichte Signale an einer Stange geritten zu werden, und auch mit einer Wassertrense kann man ein Pferd im Maul »verderben«. Für ein Pferd, das »schwierig« oder noch nicht weit ausgebildet ist, bietet sich aber immer die »einfachere« Variante an: ein Trensengebiss. Auch die Westernreiter beginnen mit der Wassertrense (oder Snaffle Bit), um ein junges Pferd auszubilden. Erst das ausbalancierte, gymnastizierte Pferd wird über die Stufe der gebisslosen Ausbildung auf die Stange ausgebildet.
Ob nun eine einfache, eine doppelt gebrochene oder gar ungebrochene Trense aus Kunststoff oder Metall verwendet wird, liegt wiederum am Pferd und seinen Reaktionen.
Das Gebiss muss so verschnallt werden, dass es im zahnlosen Bereich des Pferdemauls, den so genannten Laden, liegt. Es darf nicht gegen die Zähne schlagen. Kontrollieren Sie

Eine Kandarenzäumung setzt bei Reiter und Pferd ein hohes Ausbildungsniveau voraus; sie gehört in Kennerhände.

die Lage des Gebisses, indem Sie dem Pferd ins Maul schauen und das Gebiss leicht bewegen, so können Sie erkennen, ob das Kopfstück richtig verschnallt ist. Es gibt inzwischen tolle Gebisse und Gebisskombinationen, die für einen Fachmann eine große Hilfe sein können, in der Regel aber für den Durchschnittsreiter weder nötig noch sicher handbar sind. Falls Sie aber doch ein anderes Gebiss als eine Trense benutzen wollen, müssen Sie auch über seine Wirkungsweise und seine Verschnallung Bescheid wissen. Natürlich sollten Sie genauso wissen, wie eine Trense funktioniert – und warum Sie sich gerade für diese Variante entschieden haben. Eine Regel gilt immer: Je schlechter mein Pferd auf das Gebiss reagiert, desto weiter gehe ich zu einer »weicheren« Variante – eventuell sogar zu einer gebisslosen Zäumung. In diesen Fällen sind immer wieder Biegeübungen gefragt, um das Pferd rittiger zu machen. Denn das Problem beginnt in der Regel nicht im Maul des Pferdes, sondern oftmals schon in mangelndem Gehorsam, da das Pferd noch nicht gelernt hat, wie es auf die Reiterhilfen reagieren soll.
In Fällen, in denen das Pferd sich – ohne dass es eine Erklärung dafür gibt – plötzlich gegen das Gebiss wehrt, sollte man unbedingt die Zähne des Pferdes kontrollieren lassen.

Auf den Punkt gebracht

Für den Reiter sind alle »Tricks« erlaubt, die ihm ein sicheres Gefühl geben. Aber die Ausrüstung des Pferdes erfolgt unter dem Aspekt der wirklich notwendigen Ausstattung für das Pferd.

Geben Hilfszügel Sicherheit?
Mancher Reiter lässt sich auch aufgrund eines riesigen Hilfzügelangebotes dazu verleiten, diese Hilfsmittel als regelmäßiges Trainingsinstrument einzusetzen. Gaukelt doch ein Ausbinder schnell die richtige Haltung des Pferdes vor oder der Schlaufzügel hilft scheinbar, das Pferd schneller »ran« zu reiten. Dies sieht alles richtig aus, aber es sieht eben nur so aus. Auch wenn das Pferd vorne in Haltung geht, heißt dies nicht automatisch, dass auch die Hinterhand gut untertritt und das Pferd durchlässig für die Reiterhilfen ist. Ein Hilfszügel ersetzt keine gute Grundausbildung des Pferdes.
Nur in den allerwenigsten Fällen sind diese Hilfsmittel wirklich notwendig – meist schaden sie mehr, als dass sie nützen. Denken Sie daran: Es sind nur Hilfsmittel, die dazu erdacht sind, kurzzeitig Hilfe zu leisten. Notwendig wird dies in der Regel nur bei stark verdorbenen Pferden, denen es am Anfang damit leichter fallen kann, das vom Reiter Gewünschte besser zu verstehen – aber dies sind Ausnahmen! Ein aufgeregtes Pferd damit besser in der Gewalt zu haben, ist meist ein Trugschluss – und mit dem Hilfszügel wird nicht an der Ursache gearbeitet, sondern am Symptom, und das hilft nicht auf Dauer. Auch hier gilt: Gute Basisarbeit lässt sich durch nichts ersetzen, und wer meint, die Grundlagen wären ja nicht so wichtig, wird schnell merken, dass er von einer Sackgasse in die nächste gelangt.

Praxis V: Die Wahl des Reitlehrers

In jedem Reiterleben spielt der Reitlehrer eine Rolle von immenser Bedeutung. Reiten-Lernen ist ein Prozess, der niemals endet – selbst die besten und erfolgreichsten Reiter verzichten nicht auf Anleitung, Korrektur und Kritik. Für die Überwindung von Ängsten jedoch ist ein Reitlehrer schier unverzichtbar! Aber wie soll er sein, der Reitlehrer, der uns unterstützt, stärkt und fördert?
Gerade für einen eher ängstlichen Reiter ist die Wahl des Reitlehrers oder der Reitlehrerin von nicht zu unterschätzender Bedeutung. Ein guter Reitlehrer erwirbt und verdient unser Vertrauen; er nimmt uns und unsere Ängste ernst und hilft uns dabei, diese zu überwinden. In gewisser Weise kann ein guter Reitlehrer unsere Ängste auf sich nehmen und uns so entlasten.
Nehmen wir an, Sie hätten Angst vor dem Springen. Der erste Sprung ist immer mit Bauchkribbeln und Nervosität verbunden – das ist völlig natürlich. Kinder gehen noch am ehesten völlig unbefangen an so etwas heran, ein Erwachsener tut sich da meist schwerer. Doch nun haben Sie einen guten Reitlehrer gefunden, dem Sie sich anvertrauen können. Er kennt Ihr Pferd und kann Ihre reiterliche Leistung einschätzen. In der Konsequenz bedeutet das:

Suchen Sie das Gespräch mit dem Reitlehrer.

Wenn der Reitlehrer sagt »spring!«, dann springen Sie – Ihre Angst und die Verantwortung für diese Angst überlassen Sie dabei ihm. Dadurch fällt es viel leichter, sich zum ersten Mal zu überwinden und sein Herz voranzuwerfen. Sie vertrauen darauf, dass er Sie und Ihr Können besser beurteilen kann als Sie selbst und dass er Sie keinem unnötigen Risiko aussetzen wird.

Es liegt auf der Hand, dass dieses Szenario auch sehr böse enden kann: Dann, wenn der Reitlehrer Ihrem Vertrauen nicht gerecht wird, Sie und/oder das Pferd falsch einschätzt oder überfordert, Ihre Ängste nicht ernst nimmt.

Niemand ist perfekt, und eine Fehleinschätzung kann auch dem besten Reitlehrer unterlaufen. Dennoch müssen Sie jemanden finden, dem Sie aus ganzem Herzen vertrauen können und der sich auch ernsthaft und redlich darum bemüht, diesem Vertrauen gerecht zu werden.

Wenn Sie kein eigenes Pferd besitzen, sondern auf Schulpferden reiten möchten, steht noch vor der Wahl der Person des Reitlehrers die Wahl der Reitschule. Neben ganz generell wichtigen Dingen gibt es auch hier einige Kriterien, die für Sie als ängstlichen Reiter eine besondere Bedeutung haben.

Die Reitschule unter der Lupe

Generell sollten Sie Wert darauf legen, dass die Schulpferde ordentlich gehalten, gepflegt und auch geritten werden.
Konkret bedeutet dies:

- Auch ein Schulpferd braucht freie Bewegung, Auslauf und Weidegang! Zumindest stundenweise sollte dies den Pferden angeboten werden.
- Auch ein Schulpferd lebt lieber in einer Gruppenauslaufhaltung als in einer engen Box! Falls Boxenhaltung praktiziert wird, wie es immer noch in den meisten Schulställen üblich ist, kommt dem zuerst genannten Punkt eine umso größere Bedeutung zu. Die Boxen sollten hell und geräumig sein, der Stall generell in einem ordentlichen Zustand mit viel frischer Luft.
- Jedes Schulpferd braucht sein eigenes Zaum- und Sattelzeug, ebenso wie eigenes Putzzeug! Angepasstes Zaum- und Sattelzeug verhindert ein Wundscheuern und Drücken, eigenes Putzzeug für jedes Pferd verhindert die Übertragung von Hauterkrankungen.

Skeptisch werden sollten Sie, wenn

- die Schulpferde insgesamt missmutig und unfreundlich erscheinen oder einen abgestumpften und leblosen Eindruck machen.
- der Futterzustand der Pferde zu wünschen übrig lässt oder die Hufe ungepflegt, zu lang und brüchig sind.
- das Lederzeug in schlechtem Zustand ist, hart und spröde, verdreckt und vernachlässigt.
- alle Schulpferde ausschließlich mit Hilfszügeln geritten werden (besonders beliebt ist hier das Martingal, aber auch der Halsverlängerer). Falls die Schulpferde im Anfängerunterricht mit Hilfszügeln gehen, ist es wichtig, dass sie sich zwischen den Stunden strecken können.

Ob mit Schulpferd, Beteiligungspferd oder eigenem Vierbeiner: Schauen Sie sich nun den Unterricht ganz genau an, möglichst mehrere Stunden, ehe Sie ein Urteil fällen. Wichtig ist natürlich eine freundliche, entspannte Atmosphäre, die Ihnen zusätzlich zu den bereits vorhandenen Ängsten keine weiteren aufbürdet. Dennoch sollten Sie eins bedenken: Wichtiger noch als Freundlichkeit, Nettigkeit und Verständnis von Seiten des Reitlehrers ist seine Kompetenz! Nur ein kompetenter Ausbilder kann Sie und Ihre reiterlichen Fähigkeiten richtig einschätzen, nur einem kompetenten Ausbilder können Sie Ihre Ängste anvertrauen und ihm die Verantwortung übergeben.
Einen kompetenten Reitlehrer erkennen Sie unter anderem daran, dass er nicht lediglich kommandiert, sondern erklärt. Er erklärt, warum welche Hilfen gegeben werden und wie diese aussehen müssen; er erklärt, warum etwas nicht geklappt oder eben doch geklappt hat und schafft so ein Grundverständnis bei seinen Schülern. Er geht auf jedes Reiter-Pferd-Paar individuell ein: Wer bei jedem Reiter die gleichen Anweisungen gibt, den sollten Sie genauer unter die Lupe nehmen. Nicht zuletzt sollten Sie bei einem guten Ausbilder beobachten können, dass die meisten seiner Reitschüler im Verlauf mehrerer Unterrichtsstunden gewisse Fortschritte machen – seien diese auch noch so klein. Für einen Außenstehenden ist nicht jeder Fortschritt ohne Weiteres erkennbar: Achten Sie daher darauf, ob

Freie Bewegung ist zu jeder Jahreszeit unverzichtbar – auch für Schulpferde

der Reitlehrer auch lobt, ob die Reitschüler ihre Pferde loben und einen zufriedenen Eindruck machen. Verbissene Gesichter sind ein schlechtes Zeichen – im Unterricht darf auch gelacht werden!

Wenn Sie einen Reitlehrer oder eine Reitlehrerin gefunden haben, der/die Ihnen kompetent und vertrauenswürdig erscheint, bitten Sie ihn/sie um ein Vorgespräch. Schildern Sie Ihre Lage: Sind Sie Neueinsteiger und haben allgemeine Ängste vor dem Reiten? Reiten Sie das erste Mal nach einer langen Pause wieder und trauen sich nicht so recht? Hatten Sie einen Sturz und haben nun Angst vor dem Fallen? All dies können und müssen Sie bereits vor der ersten Reitstunde mit Ihrem Reitlehrer besprechen. Wer sich für ein solches Gespräch keine Zeit nimmt, ist nicht der richtige Reitlehrer für Sie.

Wichtig ist, dass das Gespräch nicht einseitig bleibt – es nützt nicht viel, wenn Sie Ihre

Gerade für Schulpferde ist es wichtig, wenigstens stundenweise Weidegang genießen zu können.

Ängste schildern, ohne dass konkret darauf eingegangen wird. Von einem guten Reitlehrer können Sie erwarten, dass er Sie ernst nimmt und mit Ihnen gemeinsam bespricht, wie der Unterricht ablaufen soll. Erarbeiten Sie im gemeinsamen Gespräch realistische Ziele, die Sie nicht überfordern.

Nicht immer finden Sie einen solchen Reitlehrer bei sich vor der Haustür. Dennoch: Verzichten können Sie nicht auf guten Unterricht. Als Alternative bietet sich die Möglichkeit, an Reitkursen teilzunehmen. Solch ein Blockunterricht in Form eines ein- oder mehrwöchigen Kurses kann gerade für den ängstlichen Reiter sehr vorteilhaft sein. Wenn Sie beispielsweise nur einmal wöchentlich reiten gehen, haben Sie jedes Mal sechs volle Tage lang Zeit, sich gedanklich mit Ihren Ängsten zu beschäftigen; Sie können sich auf diese Weise immer wieder geradezu hineinsteigern. Der tägliche Reitunterricht hingegen führt zu der Ausbildung einer gewissen Routine, die Ängsten keinen fruchtbaren Boden bietet. Im täglichen Umgang mit den Pferden können Sie ganz nebenbei sehr viel über das Wesen des Pferdes lernen, das Ihnen helfen kann, unbeschwert und selbstverständlich zum Pferd zu gehen. Mit einer Gruppe Gleichgesinnter in einem Kurs macht obendrein alles gleich mehr Spaß! Hinzu kommt, dass bei solchen Kursen üblicherweise mehr Wert auf die Theorie gelegt wird als im normalen Reitschulbetrieb – und theoretische Kenntnisse sind absolut unverzichtbar.

Auch Ihre Lehrgangsstätte muss natürlich wohl ausgewählt sein – Sie brauchen keinen Leistungsdruck, Sie brauchen Spaß, Vertrauen und Verständnis in einer kompetenten Umgebung mit angenehmer Atmosphäre.
Eines noch zu guter Letzt: Nicht jeder ängstliche Reiter ist prinzipiell ein schlechter Reiter. Sie tun sich keinen Gefallen damit, wenn Sie sich überfordern – doch ebenso wenig wird es Ihnen weiterhelfen, wenn Sie sich auf Dauer unterfordern. Damit gehen Sie Ihren Schwierigkeiten lediglich aus dem Weg. Die Wahl Ihres Reitlehrers ebenso wie die Wahl eines Lehrgangs sollte entsprechend Ihren reiterlichen Fähigkeiten ausfallen, unter Berücksichtigung Ihrer Gefühlslage und Ihrer persönlichen Situation.

Praxis VI: Die Wahl des Pferdes

Als unsicherer oder ängstlicher Reiter sind Sie darauf angewiesen, dass Ihr Pferd ruhig, selbstbewusst, geduldig und gutmütig ist. Verschiedene Reiter-Pferd-Konstellationen sind möglich, nicht alle sind empfehlenswert.
Als Anfänger werden Sie wahrscheinlich zunächst auf Reitschulpferden beginnen. Diese sind in der Regel »abgehärtet« gegenüber den typischen Anfängerfehlern, sie nehmen nicht so schnell übel und tragen ihre Reiter mit Geduld. Auch ein Schulpferd sollte allerdings auf die korrekte Hilfengebung entsprechend reagieren – Korrekturberitt ist ein Muss.
In diesem Rahmen lassen sich Probleme mit einem bestimmten Pferd noch recht einfach lösen: Bitten Sie darum, dass man Sie auf ein Pferd setzt, zu dem Sie Vertrauen haben und das Ihnen keine Schwierigkeiten bereitet. Das Reiten anspruchsvollerer oder temperamentvollerer Pferde können Sie sich unter den Augen Ihres Reitlehrers nach und nach erarbeiten.
Anders sieht es aus, wenn Sie eine Reitbeteiligung oder ein eigenes Pferd haben. Möglicherweise sind Sie mit diesem Pferd schon einmal gestürzt, es ist im Gelände mit Ihnen durchgegangen oder buckelt im Galopp? Ihre Ängste sind hier durchaus berechtigt. Die einfachste, wenn auch emotional nicht immer leichteste Lösung wäre es, wenn Sie dieses Pferd, das Sie überfordert, abgeben würden. Kommt das für Sie nicht in Frage, bleibt Ihnen nur der mühsame Weg, der zurück zu den Grundlagen führt. Schritt für Schritt werden Respekt, Vertrauen und Gehorsam aufgebaut. Um solche Probleme zu vermeiden, gilt es, sich bereits vor dem Pferdekauf bzw. der Wahl eines Beteiligungspferdes Gedanken zu machen.
Der Traum wird wahr. Sie haben gespart und gerechnet, sich informiert, haben Unterricht genommen, und jetzt kaufen Sie sich Ihr Traumpferd. Sie sehen sich schon auf Ihrem Friesen, Andalusier, top-töltenden Isländer, schicken Dressurcrack alle anderen Reiter beeindrucken ... Oder auch nicht: Sie haben Angst, Ihr Pferd alleine von der Weide zu holen, ins Gelände gehen Sie schon lange nicht mehr, Ihr Pferd wird von einem anderen Reiter auf Turnieren vorgestellt, und Sie merken, dass Ihr Traum doch ein anderer war. Was ist schief gelaufen?
Vor dem Kauf eines Pferdes stehen einige Fragen an, die sich jeder persönlich stellen muss: Was möchte ich? Was kann ich (im Moment)? Was möchte ich lernen (in Zukunft) und wie und wo geht das? Dazu gehört auch die wichtige Frage, wie viel Zeit ich wirklich für mein Hobby aufwenden kann und will.

Die Größe ist nicht entscheidend – diese Reiterin ist zwar recht klein für ihr Pferd, aber offensichtlich souverän und erfolgreich Herrin der Lage.

Diese Reiterin ist recht groß für ihr Pony, doch trägt dieses sie ohne Probleme.

Wer gerade ein halbes Jahr Reitunterricht genommen hat und dann ein rohes Pferd selbst anreiten möchte, kommt schnell an seine Grenzen. Derjenige, der fünf Jahre lang den alten, gut ausgebildeten Warmblutwallach des Nachbarn geritten hat und dann auf den jungen Isländer umsteigt, wird sich eher wie ein Anfänger als ein langjähriger Reiter fühlen. Natürlich können Sie mit Ihren Aufgaben wachsen – aber haben Sie die Zeit, Geduld und Nerven dazu? Für die meisten soll Reiten eine Freizeitbeschäftigung sein, Zeit zur Entspannung und aktiven Erholung. Man erwartet dort Erfolgserlebnisse, aber keine andauernde Anspannung oder gar Ängste.

Auf die »Alten« ist einfach Verlass

An dieser Stelle brechen wir einmal eine Lanze für die alten Pferde. »Altes Pferd« ist allerdings ein relativer Begriff – nicht jedes Pferd, das die 15 oder auch 20 Jahre überschritten hat, ist ein gutmütiges Anfängerpferd, nicht jedes jüngere Pferd ein unkontrollierbarer Heißsporn.
Grundsätzlich sind jedoch die erfahrenen Pferde eher selbstbewusst und cool genug, um einen unerfahrenen oder auch einfach nur ängstlichen Reiter gelassen zu tragen – und ihm ganz nebenbei eine Menge beizubringen. Gerade für den unsicheren Reiter ist ein älteres Pferd sehr wertvoll und wird ihm mehr Freude machen als das schicke junge Pferd – auch wenn sich vielleicht bereits ein paar Alterszipperlein bemerkbar machen.
Unser Beispiel ist Sguggy: Der 26-jährige Isländer bietet seiner unerfahrenen Reiterin völlig entspannten Reitspaß, wie das auf einem jungen Pferd kaum vorstellbar wäre.

Sguggy hat sich als Lehrpferd bestens bewährt.

Also, bevor Sie auf die Suche nach Ihrem Traumpferd gehen, überlegen Sie sich ganz genau, was Sie wollen. Stellen Sie sich vor, was Sie mit Ihrem Pferd unternehmen oder erreichen möchten. Haben Sie Turnierambitionen? Träumen Sie von langen Ausritten in ruhigem Tempo oder von mehrtägigen Wanderritten durch fremdes Gelände? Möchten Sie klassisch-barock reiten? Lieben Sie die Vielseitigkeit? Mögen Sie Westernreiten, mit oder ohne Turnierambition?
Welche Eigenschaften muss Ihr Pferd dafür mitbringen? Wer im konventionellen Turniersport Erfolg haben und sich entwickeln möchte, wird vermutlich weder mit einem Kaltblut noch mit einem Pony richtig glücklich. Wer lange Wanderritte mit Gepäck bevorzugt, ist mit einem Riesenross von 1,80 m Stockmaß vermutlich auch nicht wirklich gut beraten. Dazu kommt das Temperament des Pferdes: Wer nur zwei Mal die Woche für eine Stunde gemüt-

lich spazieren reiten möchte, wird mit einem sehr leistungsbereiten Pferd vermutlich nicht in Harmonie reiten, wohingegen der leistungsorientierte Reiter mit dem eher phlegmatischen Pferd ebenso verzweifeln wird.
Welche Rasse sich wofür eignet, kann man bei Züchtern in Erfahrung bringen. Aber Achtung: Auch innerhalb einer Rasse gibt es ganz unterschiedliche Pferdetypen. Nicht jeder Haflinger, Norweger, Tinker oder jedes Kaltblut ist einfach zu reiten und bei allen Anforderungen gelassen. Nicht alle hochblütigen Araber oder englischen Vollblüter sind Nervenbündel, die kaum zu beruhigen sind. Trotzdem gilt allgemein: Hochblütige Pferde sind in der Regel leistungsorientierter und »spritziger« als Pferde mit weniger Vollblutanteil.
Auch gilt der alte Satz: Ein junger Reiter gehört auf ein altes Pferd, ein alter Reiter auf ein junges – dabei ist in erster Linie nicht das Alter des Reiters gemeint, sondern seine Erfahrung!
Ein weiterer Trugschluss besteht darin, zu glauben, dass ein »kleines, süßes Pony« doch bestimmt einfacher zu reiten ist als ein großes Pferd. Nicht alle Ponys sind brav, meist besteht sogar das Problem, dass ihre Ausbildung nicht so ernst genommen wurde und es daher an vielen Grundlagen mangelt. Dazu kommt häufig ein immer noch tief verwurzeltes Selbstbewusstsein, besonders bei den so genannten Robustpferden, bei denen man als Reiter ganz schnell Reiten auch als Denksport mit ständig neuen Herausforderungen erfährt.
Die Größe besagt meist gar nichts. Natürlich sollten Sie auch darauf achten, dass Ihr Pferd gebäudemäßig zu Ihnen passt bzw. Sie tragen kann! Dabei spielt das gesamte Gebäude und nicht nur die Größe des Pferdes eine Rolle – mancher 1,40 m große Isländer ist besser in der Lage, 75 kg zu tragen, als ein 1,60 m großer schmaler Riese mit ungünstigen Proportionen.
Sie lieben es bequem? Die Sache mit dem Traben ist nicht so wirklich Ihres, aber dieser Tölt ist doch eine feine Sache ... denkt sich der ein oder andere Reiter. Aber hier an dieser Stelle ganz deutlich eine Warnung: Auch ein Tölter muss korrekt geritten werden, auch dabei spielt körperliche Koordination eine große Rolle, und auch diese Bewegungsabläufe müssen erlernt werden. Leider kommt man als Reiter – vor allen Dingen mit einem eigenen Pferd – um das Reiten-Lernen nicht herum!

Sollten Sie sich erst nach dem Pferdekauf über all diese Dinge Gedanken gemacht haben, haben Sie Angst vor Ihrem eigenen Pferd, können Sie so gut wie nicht mit ihm arbeiten, dann müssen Lösungen für die bestehenden Probleme gefunden werden.
Es gibt drei Möglichkeiten:
1. Sie stellen sich Ihren Problemen und suchen sich kompetente Hilfe. Ein guter Ausbilder wird zusammen mit Ihnen und Ihrem Pferd arbeiten. Die Zeit, Mühe und Anstrengung hat sich dann gelohnt, wenn Sie schließlich angstfrei und entspannt mit Ihrem Pferd in Harmonie reiten können.
2. Sie überlassen das Reiten Ihres Pferdes erst einmal einem erfahrenen und souveränen Reiter – wenn Sie diesen nicht zufällig zu Ihren besten Freunden zählen, läuft das auf professionellen Beritt hinaus. Diese Zeit, die Sie nun nicht mehr auf Ihrem eigenen Pferd verbringen, nutzen Sie und verbessern Ihre Kenntnisse und reiterlichen Fähigkeiten auf anderen Pferden, bevor Sie einen neuen Anlauf nehmen.

3. Sie entschließen sich, dieses Pferd zu verkaufen. Tun Sie auch dies bewusst, mit dem Erkennen Ihrer eigenen Stärken, Schwächen und Möglichkeiten. Viele Reiter scheuen sich vor diesem Schritt, weil sie das Gefühl haben, ihr Pferd im Stich zu lassen – doch eins sollten wir nicht vergessen: Auch das Pferd leidet unter der Situation. Mit einem Reiter, der ihm gewachsen ist, bieten sich auch für das Pferd neue und positive Perspektiven.

Fazit: Bleiben Sie bei der Wahl Ihres Pferdes realistisch. Wenn Sie sich gegen ein eigenes Pferd entscheiden, dann suchen Sie sich eine Reitbeteiligung oder eine gute Reitschule, bei der Sie ein Pferd, das zu ihrem Leistungsstand passt, aussuchen können. Vor dem Kauf eines eigenen Pferdes ist die Reitschule auch die große Chance, viele verschiedene Tiere kennen zu lernen und zu sehen, ob sich die Begeisterung des Anfangs auch länger hält. Sich von einem »eigenhändig« angeschafften Pferd wieder zu trennen, fällt den meisten Reitern erst einmal schwer – daher ist es auch so wichtig, sich vorher darüber Klarheit zu verschaffen, welche Ziele man hat. Denn das Pferd, das dankbar für seine Rettung ist und den unbedarften Reiter durch jeden Parcours zum Sieg trägt, bleibt wohl ein Fantasiegeschöpf der Filmwelt. In der Regel steht vor dem Erfolg eine Menge Arbeit.

Praxis VII: Sicherer und entspannter Umgang

Die Grundlagen des sicheren Umgangs sowie der Bodenarbeit mit dem Pferd werden im Folgenden ausführlich erläutert. Ein Grund dafür ist, dass die hier geschilderte Vorgehensweise exemplarisch für alle Arbeit mit dem Pferd zu sehen ist. Sie können das hier Geschilderte zu großen Teilen auch auf die Arbeit unter dem Sattel übertragen. Darüber hinaus trägt die sorgfältige, entspannte und ruhige Vorbereitung wesentlich dazu bei, dass das anschließende Reiten gelassen und angstfrei erlebt werden kann.

Ein Lächeln wirkt Wunder

Beim Pferd bedeuten angelegte Ohren meist Missmut, Drohung, »schlechte Laune«. Die nach vorne zeigenden Ohren bedeuten Aufmerksamkeit, Freundlichkeit, Interesse. Dem Menschen sieht man seinen Gemütszustand meist ebenfalls an seinem Gesichtsausdruck an. Eine grimmige Miene signalisiert einem Abwehr, ein freundlich lächelnder Gesichtsausdruck das Gegenteil.
Lächeln Sie einmal ganz bewusst – Ihre Stimmung wird sich heben! Wenn Sie nur noch ungern zu Ihrem Pferd gehen, versuchen Sie Folgendes: Schließen Sie die Augen. Stellen Sie sich eine schöne Landschaft vor. Diese Landschaft gefällt Ihnen. Sie beginnen zu lächeln. Bauen Sie nun Ihr Pferd mit in diese Vorstellung ein. Lassen Sie es über den Strand oder die wundervolle Blumenwiese galoppieren. Während Sie lächeln, sehen Sie es immer deutlicher, seine schöne Farbe, die weichen Nüstern, den schönen Schweif ... Ja, auch dieses Pferd hat schöne Seiten – sehen Sie sie? Das ist eine gute Übung, Sie werden sehen.

So nicht – das Pferd flüchtet vor dem Schwenken des Halfters.

A. Aufhalftern und Führen

Ob mit eigenem Pferd oder als Schulpferdereiter: Das Aufhalftern und Führen eines Pferdes sollte für jeden Reiter eine Selbstverständlichkeit sein. Doch gerade bei den scheinbar selbstverständlichen Dingen gehen wir oft sehr nachlässig vor – und verursachen so ganz unbewusst und ungewollt Probleme, die sich später bei anspruchsvolleren Lektionen niederschlagen können. Wichtig ist bei jedem Umgang mit dem Pferd, bewusst zu handeln. Dies beginnt schon zu Hause.

Aufs Pferd einstimmen

Sie sind auf dem Weg zum Reitstall oder zu Ihrem Pferd. Denken Sie ganz bewusst an die nächsten Stunden, die Sie dort verbringen werden:
Welche Gefühle haben Sie? Fällt es Ihnen schwer, sich auf das Pferd zu konzentrieren, da sich immer wieder viel »wichtigere« Gedanken nach vorne drängen?

Mit Ruhe und Ansprache geht es besser.

Sie gehen in den Stall. Wie fühlen Sie sich? Freuen Sie sich? Haben Sie ein flaues Gefühl im Magen? Nervt Sie der Terminstress? Würden Sie lieber woanders sein?
Sie gehen nun das Pferd von der Weide/aus der Box holen. Gibt es oder gab es dabei schon einmal Schwierigkeiten? Lässt sich das Pferd gut aufhalftern? Reagiert das Pferd auf Sie? Wendet es sich Ihnen zu – wenden Sie sich dem Pferd zu? Wie ist Ihre Stimmung? Empfinden Sie Freude, Liebe, sprechen Sie mit Ihrem Pferd? Oder sind Sie genervt, enttäuscht, eventuell aggressiv? Besteht Ihr Vokabular dem Pferd gegenüber überwiegend aus »Nein«, »Lass das«, »Hör auf«? Fühlen Sie sich neben dem Pferd wohl? Oder sind Sie ständig auf der Hut? Rempelt das Pferd Sie an? Drängt es Sie beiseite? Zieht es am Führstrick, und haben Sie Mühe dorthin zu gelangen, wo Sie hinwollen? Notieren Sie sich, was Ihnen bei diesen Fragen durch den Kopf geht.
Sich ernsthaft mit diesen Fragen zu beschäftigen, erfordert umso mehr Mut, je größer hier schon die Schwierigkeiten sind. Aber oftmals wird uns dies gar nicht bewusst, weil es

schon so normal geworden ist. Seien Sie ehrlich zu sich bei der Beantwortung der Fragen, denn im angstfreien und sicheren Umgang mit dem Pferd liegt das Fundament für alle weiteren Aktivitäten!
Sie haben nun Klarheit darüber bekommen, ob dieser erste Teil (Aufhalftern und Führen) einfach oder schwierig für Sie ist.
Im Folgenden finden Sie ein paar Tipps, wie Sie an Schwierigkeiten arbeiten oder Ihren bisherigen Umgang verbessern können.

Step by Step

Das richtige Aufhalftern

1. Halten Sie Halfter und Strick »fertig« in der Hand (richtig ausgedreht, mit geöffnetem Kehl- oder Genickriemen).
2. Sprechen Sie das Pferd an.
3. Gehen Sie schräg auf seine Schulter zu (dabei befindet sich das Halfter unauffällig in der Hand).
4. Streicheln Sie das Pferd am Hals, lassen Sie die Hand an den Kopf wandern, legen Sie eine Hand auf die Nase des Pferdes und fordern Sie es eventuell über leichten Druck auf, den Kopf zu senken (bei schwierigen Pferden kann man auch von tief unten ein Leckerli anbieten).
5. Jetzt ziehen Sie dem Pferd das Halfter über den Kopf. Die Nase geht durch den ensprechenden Riemen. Achtung an den Ohren: Ziehen Sie nicht einfach das Halfter nach hinten über die Ohren, sondern ziehen Sie jedes Ohr einzeln und sanft nach vorne durch.

Führübungen mit Halfter, Führkette und Gerte

Auch richtiges Führen müssen Reiter und Pferd erst erlernen. Leider wird dieser Aspekt der Ausbildung oft immer noch vernachlässigt. Irgendwie bekommt man das Pferd an den Putzplatz, auf die Weide etc., und unter dem Sattel ist alles eh kein Problem. Man ist ja Reiter und kein Fußgänger. In den letzten Jahren hat sich dieses Denken zwar sehr gewandelt, doch sieht man trotzdem noch sehr häufig Pferde, die ihren Reiter führen.
Aber Sie erinnern sich: Angst geht oft einher mit Kontrollverlust, und wer auf einmal am Ende des Strickes irgendwohin gezogen wird, kann es sehr schnell mit der Angst zu tun bekommen.
Daher hier einige Tipps und Regeln, damit Sie wirklich führen können:
Sie benötigen ein gut sitzendes Halfter (möglichst nicht zu dick gepolstert), eine Führkette mit ca. 75 cm langer Kette und 190 cm langem Führseil sowie eine Dressurgerte von 1,20 m Länge.
Am Besten machen Sie die ersten konzentrierten Übungen auf einem umzäunten Reitplatz oder in der Reithalle. Zur Not geht auch ein extra abgetrenntes Stück auf der Weide.

Anlegen der Führkette

Sie stehen links neben dem Pferd: den Karabiner der Kette von außen durch den linken unteren Halfterring ziehen, dann von unten nach oben über das Nasenband des Halfters, dann von innen nach außen durch den rechten unteren Halfterring. Auf der rechten Seite

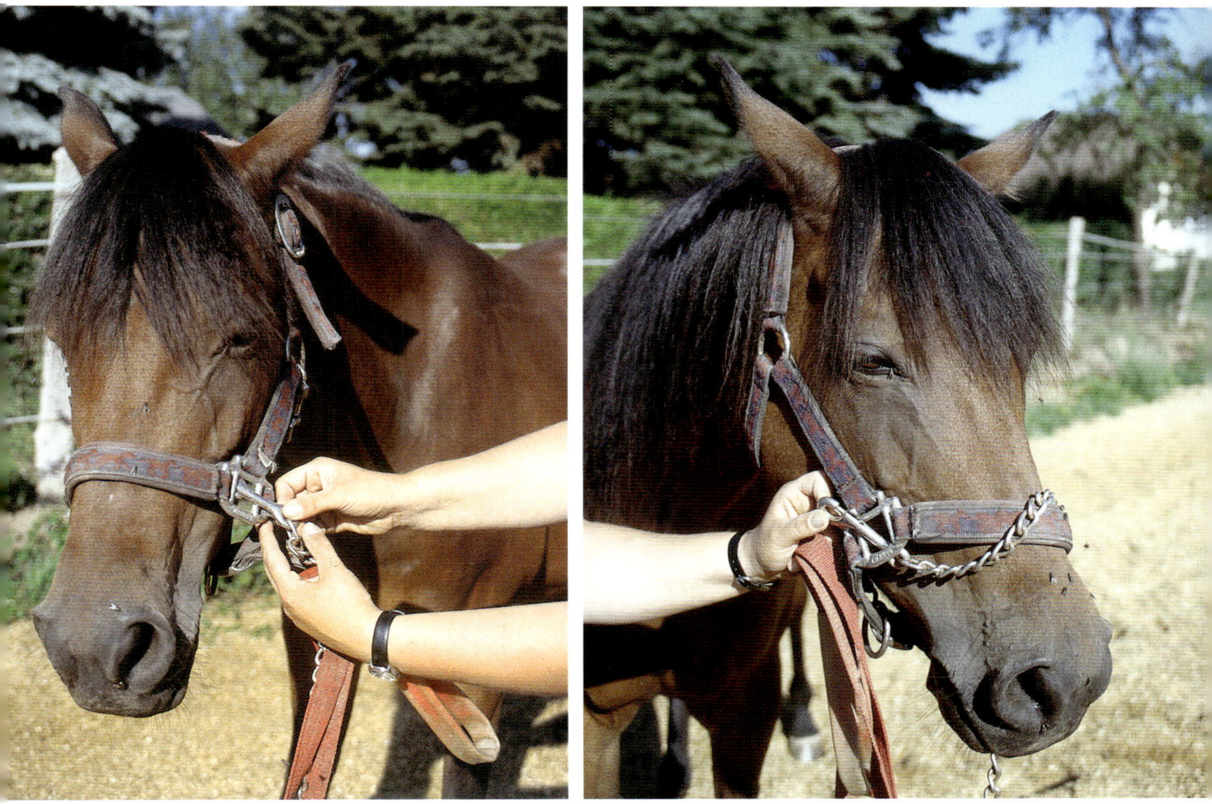

Führen Sie die Führkette wie im Text beschrieben über die Nase des Pferdes.

nach oben führen und dort in den oberen Halfterring einhaken. Dabei bitte darauf achten, dass der Haken nach außen zeigt und nicht gegen den Pferdekopf drückt. Bei empfindlichen Pferden mit einer sehr dünnen Haut kann man auch die so genannte Lamaleine benutzen, sie hat statt einer Kette ein weiches Baumwollseil.
Eine andere Möglichkeit der Verschnallung besteht darin, die Kette von der Mitte hinten einmal im Uhrzeigersinn rund um die Nase durch die Halfterringe zu ziehen und mittig hinten einzuhaken. Der Vorteil besteht darin, dass die Führkette nun nicht ins Auge des Pferdes gezogen werden kann; allerdings ist Vorsicht geboten, denn diese Verschnallung zieht sich komplett um die Nase zu, was heftige Reaktionen hervorrufen kann.
Jetzt stellen Sie sich seitlich vor das Pferd und beginnen, Brust und Vorderbeine mit der Gerte abzustreichen – in langsamen, ruhigen Bewegungen. Falls das Pferd Angst vor der Gerte hat, streichen Sie es zuerst mit dem Griffende der Gerte ab. (Dabei darf die Gerte nicht wippen, sondern wird mit der Spitze nach unten gehalten. Dabei immer ruhig und lobend mit dem Pferd sprechen.) So arbeiten Sie sich das Pferd entlang weiter über Rumpf, Hinterhand und Hinterbeine. Das Pferd soll die Gerte als verlängerten Arm und nicht als

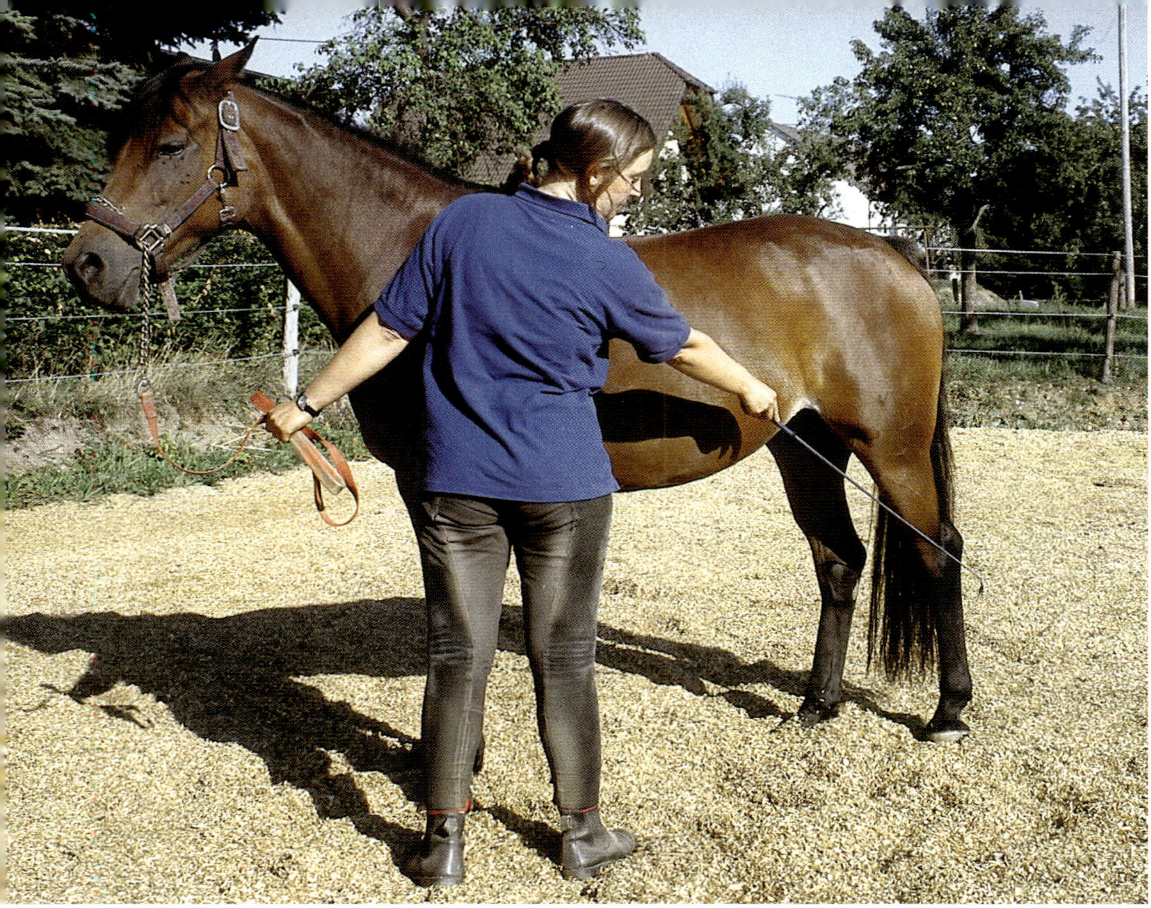

Ganz in Ruhe wird das Pferd mit der Gerte abgestrichen.

Tipps für Härtefälle

Falls das Pferd richtig panisch bei der Gerte wird, lassen Sie sich von einer Bekannten helfen – diese hält das Pferd fest, Sie streichen es mit den Händen (nicht mit der Gerte) ab. Dann nehmen Sie vorsichtig die Gerte dazu, die Spitze zeigt dabei nach unten, und berühren mit dem Gertengriff und einer Hand das untere Drittel des Pferdehalses und gleiten langsam zur Schulter hinunter – sobald sich das Pferd das gefallen lässt: loben, loben, loben! Dasselbe versuchen Sie auf der anderen Seite, bei sehr panischen Pferden kann dies für den ersten Tag schon genügen. Also: früh genug aufhören – lieber jeden Tag ein kleines bisschen mehr.

Strafinstrument erkennen. Diese Übung eignet sich auch schon als Entspannungsübung für den Reiter: Beachten Sie Ihre Atmung. Atmen Sie ein, wenn Sie die Gerte ansetzen, und langsam aus, wenn Sie mit einer langsamen, runden Bewegung die Gerte über den Pferdekörper führen. Lächeln Sie dabei oder summen Sie einfach eine ruhige Melodie, konzentrieren Sie sich nur auf die ruhige Bewegung, die Atmung und auf das Pferd. Pferde reagieren auf Körpersprache. Daher ist es für den Pferdeführer sehr wichtig, dass Stimmkommando und Bewegung aufeinander abgestimmt sind. Und wieder gilt: Der Körper beeinflusst die Stimmung – mit gesenktem Kopf und runden Schultern wird es schwer, dem Pferd klar zu machen, dass wir selbstbewusst das meinen, was wir sagen.

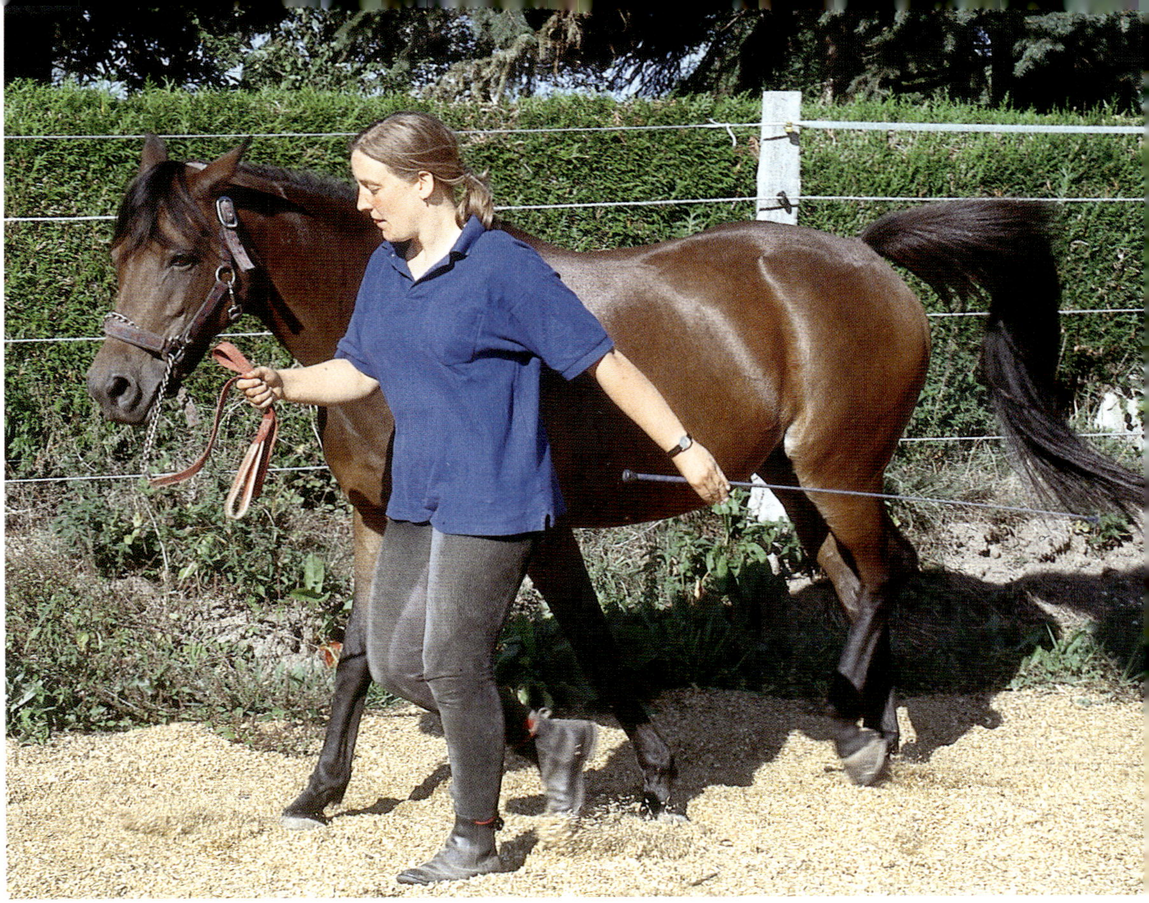

Und los geht's!

Für den Anfang ist die sicherste Führposition direkt neben dem Pferd. Gewohnheitsgemäß nutzen die meisten Reiter die linke Seite, sie ist dem Pferd normalerweise auch vertrauter. Die Schulter des Menschen befindet sich im Bereich zwischen Kopf und Brust des Pferdes, ca. eine halbe Armlänge entfernt. Die rechte Hand umfasst das Ende der Führkette, die linke hält den Rest der Leine. Achtung, niemals die Leine in Schlaufen legen und die Hand hinein legen, auch eventuell schon vorhandene Schlaufen nicht dazu nutzen, mit der Hand hineinzugreifen! Falls das Pferd wegzieht, kann es Ihnen im schlimmsten Fall die Hand böse quetschen oder Sie werden gar hinterhergezogen.
Bewährt hat sich ein Knoten am Ende der Leine, damit sie sich im Ernstfall nicht so schnell durch die Hand ziehen kann.
Ganz wichtig: Tragen Sie Handschuhe. Sonst kann es zu schweren Verbrennungen kommen, wenn das Pferd zieht und Ihnen der Strick durch die Hand saust.
Nun möchten wir losgehen: Wir schauen nach vorne. In die Richtung, in die wir gehen wollen. Die rechte Hand mit der Führkette führt man leicht nach vorne, damit das Pferd, sobald es antritt, nicht in die Kette läuft und damit ein entgegengesetztes Signal erhält. Die linke Hand mit der Gerte geht nach hinten, um gegebenenfalls einen kleinen Klaps an der Flanke geben zu können. Der sollte aber nur erfolgen, wenn das Pferd auf das nun kommende Stimmkommando nicht antritt. Dabei sollte der Klaps mit steigender Intensität solange wiederholt werden, bis das Pferd antritt. Achtung: Körperposition beachten – stehen Sie

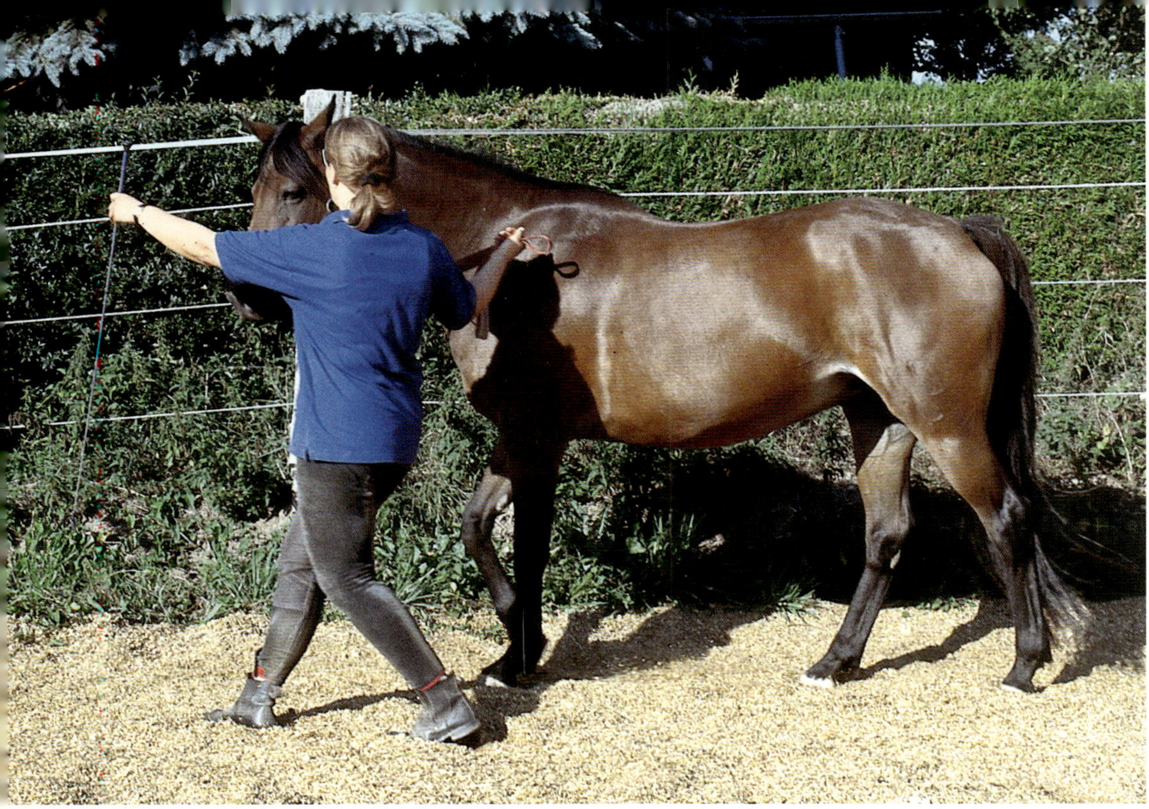

Der Ausfallschritt bringt einen vor das Pferd.

Tipps für Härtefälle

Das Pferd stürmt einfach davon. Sie haben keine Chance, auf das Tier einzuwirken. Inzwischen haben Sie dabei sogar Angst und fühlen sich fast wie gelähmt.
Versuchen Sie die Führübungen zuerst mit einem ruhigeren Pferd. Üben Sie so oft, bis Ihnen der Bewegungsablauf vertraut ist. Erst wenn Sie sich ganz sicher fühlen, starten Sie die Übung mit diesem für Sie schwierigen Pferd. Lassen Sie sich eventuell helfen. Bereiten Sie sich vor: Stellen Sie sich die Situation vor und wie Sie reagieren – und zwar im optimalen Fall. Sie werden einfach ruhig und konsequent Ihr Ziel verfolgen, das Pferd an der Hand sicher führen und anhalten können. Atmen Sie ganz bewusst, vor allen Dingen beim Ausatmen. Sie entscheiden, wann das Pferd losgeht. Wenn es herumzappelt, zupfen Sie einmal energisch an der Führkette, richten Sie sich auf (stellen Sie sich vor, Sie sind ein großer, muskelbepackter Türsteher, der dieses Pferd nicht in den Club lassen möchte!) und sagen laut und deutlich »nein« – und das meinen Sie auch so! Auch hier gilt: so lange konsequent wiederholen, bis eine Reaktion einsetzt – und selbst das kürzeste Stehenbleiben wird sofort belohnt. Die meisten Pferde sind bereits beim ersten Mal so perplex, dass ihr Mensch nun so klar weiß, was er will, und dies auch klar über die Körpersprache sagt, dass sie sehr gut reagieren. Und nun: konzentriert weiter üben, aber nicht übertreiben. Wenn antreten und anhalten gut geklappt haben – loben, Übung beenden. Zehn Minuten konzentriertes Arbeiten sind für Mensch und Pferd am Anfang genug.

dem Pferd etwa im Weg? Oder halten gar vorne die Führkette stramm? Sobald das Pferd antritt – loben und mitgehen!
Wichtig: nach vorne sehen, dem Pferd den Weg nach vorne mit dem Körper frei machen, das heißt, die Schultern sind gerade nach vorne gerichtet.

Loben nicht vergessen!

Nun folgt eine der allerwichtigsten Übungen: Anhalten! Anhalten zu können ist in unserer heutigen dicht besiedelten Landschaft die größte Lebensversicherung, die wir mit dem Pferd haben. Ein Pferd, das gelernt hat, auf ein Kommando hin anzuhalten, und dies so oft getan hat, dass es automatisch darauf reagiert, wird in den meisten Fällen auch in kritischen Situationen dazu bereit sein.
Zum Anhalten nutzen wir nun wieder Stimme, Körpersprache und Einsatz der Hilfsmittel Gerte und Führkette.
Stellen Sie sich vor, Sie wären eine Tür, die vor dem Pferd zu geht: Sie machen einen größeren Schritt, um weiter nach vorne neben den Pferdekopf bzw. sogar leicht davor zu kommen. Die linke Hand mit der Gerte wird angehoben. Schwenken Sie mit ihr vor dem Kopf des Pferdes. Drehen Sie dabei Ihren ganzen Körper in Richtung des Pferdes. Das Stimmkommando zum Halten geben Sie bereits beim Heben von Hand und Gerte. Falls Sie merken, dass das Pferd mit diesen Signalen noch nichts anzufangen weiß, zupfen Sie kurz an der Führkette. Falls die Reaktion des Pferdes ausbleibt, müssen Sie die Signale wiederholen und weiter verstärken: Die Gerte geht vor dem Kopf des Pferdes hinauf und herunter und das Zupfen an der Kette wird energischer. Achtung: nicht einfach ziehen, dies erzeugt nur den Reflex des Dagegen-Ziehens! Falls Sie sich total verhaspelt haben: nicht aufregen, einfach wieder ruhig weitergehen und überlegen, was falsch war (Position vielleicht zu weit hinten? Ständiger Druck auf der Kette? Körper klein und zusammengerollt? Stimme voller Angst?). Versuchen Sie es erneut: Stellen Sie sich Ihre Bewegung vor und wie das Pferd darauf reagiert. Denken Sie an das, was das Pferd tun soll, nicht was es vielleicht nicht tun wird. Sie wollen doch, dass das Pferd anhält, oder?
Das Pferd hat angehalten? Beim zweiten Mal sogar schon etwas schneller? Beim fünften Mal brauchten Sie nur noch Ihre Stimme? Herzlichen Glückwunsch! Und vergessen Sie nicht: Loben Sie Ihr tolles Pferd – und seien Sie stolz auf sich!
Sie sollten jetzt jede Gelegenheit nutzen, das Gelernte zu festigen: Holen Sie das Pferd bewusst von der Weide, nutzen Sie Ihre Stimme und Ihren Körper, seien Sie konsequent, loben Sie das Pferd, wenn es auf Sie hört. Diese Mühen werden sich lohnen: Es kommt der Tag, da können Sie das Pferd in jeder Führposition führen, Sie werden so aufeinander ein-

gespielt sein, dass eine kleine Geste genügt, und das Pferd hält an. Aber bis dahin heißt es konsequent sein und üben!

Bewusstsein schaffen
Sie versuchen, alles richtig zu machen, haben aber irgendwie das Gefühl, dass es nicht richtig weitergeht, können Ihre Erfolge nicht sehen? Schreiben Sie ein »Tagebuch«. Kurz, was Ihr Ziel für diese Übungseinheit war, was Sie getan haben, was Ihnen besonders aufgefallen ist, was besonders gut war. Seien Sie präzise: Statt »nichts hat geklappt« oder »alles hat geklappt« schreiben Sie »Führen durch das Tor an der Weide lief ohne Probleme ab«, »Anhalten war nicht so gut, das Pferd war aufgeregt, weil es sehr windig war«, »Schritt und Anhalten geübt, klappte zu Beginn nicht, war zum Schluss besser«, »bekam Angst, als das Pferd losstürmte, habe aber dann mit Kette und Gerte vor der Nase eingewirkt, dann wurde es besser«, usw. Nutzen Sie dies für Ihre eigene Einschätzung und als Erfolgsnachweis. Sie können sich auch ein Punktesystem ausdenken, bei dem Sie Punkte für die Übung vergeben: 1 Punkt für »fast nicht ausgeführt«, 10 Punkte für »perfekt ausgeführt«. Oder Sie können folgende kleine Tabelle nutzen:

++ steht für besonders gut, + für gut, 0 für neutral, - für schlecht, — für sehr schlecht

	++	+	0	-	—
die Übungen waren					
das Pferd war entspannt und konzentriert					
ich war entspannt und konzentriert					

Motivation durch Lob

Warum muss man das Pferd auch bei der kleinsten richtigen Reaktion loben? Ganz einfach, es sind gar keine Kleinigkeiten, über die wir hier sprechen – zumindest nicht, wenn das Pferd bisher nicht auf diese Signale reagiert hat. Dazu kommt, dass Lob motiviert – nicht nur das Pferd, sondern auch den Reiter. Loben schafft eine freundliche Stimmung, es kann eine positive Beziehung entstehen, die das weitere Zusammenarbeiten erleichtert.

Oder Sie denken sich Ihre eigenen Kriterien aus – das hängt von Ihren ganz persönlichen Vorlieben ab. Sie können auch über ein Punktesystem Ihre Ängste in den verschiedenen Situationen beschreiben – so wird es leichter, Fortschritte sichtbar zu machen. Das motiviert!
Falls Sie ungern schreiben oder mit solchen Punktesystemen nichts anfangen können, gibt es auch noch die einfache Möglichkeit des Selbstgespräches. Führen Sie es bewusst mit sich selbst. Denken Sie sich auch hier ein bestimmtes Schema oder bestimmte Fragen aus. Arbeiten Sie die positiven Aspekte hervor, sprechen Sie von denen, mit denen Sie nicht zufrieden sind, als »verbesserungswürdig«, und

überlegen Sie sich eine Strategie, wie Sie an diesen Punkten arbeiten möchten.

Hier nun noch einige wichtige Übungen und Anmerkungen zu den Themen Distanz und Lob. Wenn Sie neben dem Pferd gehen, achten Sie darauf, dass es auf Distanz bleibt und Ihnen nicht zu dicht auf die Pelle rückt. Vermeiden Sie auf jeden Fall, dass es Sie zur Seite drängt. Dies erreicht man entweder, indem man ihm einmal mit dem Gertenknauf energisch auf die Schulter »flitscht«. Bei Pferden, die ständig versuchen, einem ihre Nasen in die Taschen zu stecken, tippt man mit dem Finger kurz unterhalb des Jochbeins an den Kopf. Auch hier gilt: konsequent und bewusst handeln!
Falls das Pferd auf diese Signale nicht weicht, sollten Sie üben, dass das Pferd auf kurzen Druck zu weichen lernt. Manchen Pferden muss man dies erst mühsam beibringen – also sind auch hier ein paar Übungseinheiten gefragt.
Eine kleine Übung, die man ganz »nebenbei« schon beim Putzen des Pferdes einbinden kann: Sie fordern das Pferd mit kurzem Druck an der Flanke auf, herumzutreten. Nutzen Sie dabei immer dasselbe Kommando. Falls das Pferd nicht reagiert, fassen Sie es am Kopf an (oder am Halfterstrick) und ziehen ihn in Ihre Richtung. Dabei geben Sie an der Flanke das Signal zum Herumtreten. Die meisten Pferde weichen dann sehr gerne – denn gebogen stehen zu bleiben ist anstrengend ... Falls das Pferd zur Seite tritt: sofort loben. Die Übung zwei bis drei Mal wiederholen, dabei immer weniger den Kopf des Pferdes mit einbeziehen.
Dasselbe können Sie nun am Kopf probieren – wenn Sie das Signal an der Seite geben, soll das Pferd mit dem Kopf weichen. Auch hier gilt: bei jeder kleinsten Andeutung in die richtige Richtung, muss das Pferd ausgiebig gelobt werden. Dann folgt die Schulter. Sie stehen schräg vor dem Pferd und drücken es an der Schulter zur Seite – hier hilft es eventuell, den Kopf in die gewollte Bewegungsrichtung des Pferdes zu zupfen – sobald es weicht, loben.
Noch eine wichtige Anmerkung zum Loben: Sie bestimmen, wann Sie loben. Tun Sie es bewusst und mit Freude! Falls Sie mit Leckerlis loben möchten – kein Problem, aber halten Sie folgende Regel ein: Sie reichen das Leckerli an das Pferd – nicht das Pferd holt sich das Leckerli bei Ihnen. Sobald es dies versucht – Sie erinnern sich, die Nase in der Tasche? – schieben Sie seinen Kopf mit einem klaren »Nein« zur Seite. Wenn es auf Abstand ruhig

Rangordnung à la Pferd

Beobachten Sie, wann immer es Ihnen möglich ist, Pferde in der Gemeinschaft ihrer Herde. Finden Sie heraus, wer der Chef ist. Wer jagt wen vom Futter weg? Auf welches Pferd reagieren die Herdenmitglieder ganz besonders? Welches Pferd geht einfach seinen Weg und alle anderen machen ihm Platz? Gibt es auffällige Freundschaften? Wie verhalten sich diese Freunde untereinander? Beobachten Sie das Treiben in unterschiedlichen Herdengemeinschaften – vielleicht treffen Sie im Urlaub auf Pferde, vielleicht auf einem Spaziergang in fremder Umgebung. Achtung: Machen Sie nicht den Fehler, Pferde zu vermenschlichen – nach dem Motto: »das Pferd ist aber gemein zu dem anderen«. Pferde sprechen untereinander eine sehr deutliche Sprache und die Struktur innerhalb der Herde wird einem als Betrachter schnell klar.

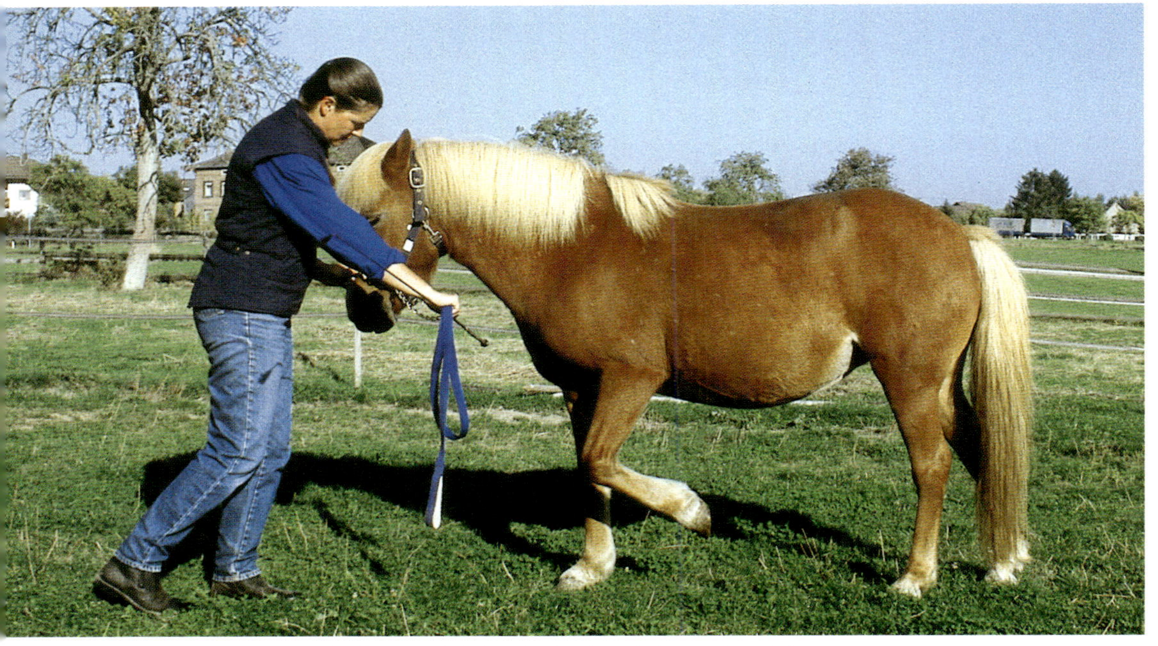

Mit der Gerte vor der Brust wird das Rückwärtsrichten eingeleitet.

neben Ihnen steht, können Sie es loben und ihm das Leckerli reichen – Sie entscheiden!
Am Anfang neuer Übungen wird auch schon der kleinste Ansatz gelobt – bei erprobten Übungen erst, wenn die Übung beendet ist.
Nun sind Sie und das Pferd bereit für das Rückwärtsrichten. Auch dies hat viel mit Weichen zu tun. Das Pferd soll Sie ja schließlich als »ranghöher« betrachten.
Sie sollten als Erstes die folgenden Methoden zum Rückwärtsrichten probieren und sich dann entweder für die entscheiden, die Ihnen leichter fällt, oder die, bei der das Pferd sehr gut reagiert. Wichtig ist, dass das Pferd dabei den Rücken nicht wegdrückt, das heißt Kopf und Hals hochnimmt und mit der Hinterhand heraussteht. Das verhindern Sie, indem Sie dafür sorgen, dass der Kopf des Pferdes annähernd an die Senkrechte kommt; entweder indem Sie ihn durch das Halfter begrenzen oder die Hand auf der Nase lassen.
Manche Pferde reagieren sehr gut, wenn man sich schräg vor sie stellt, mit der Hand an ihre Nase fasst und dann mit dem Wort »zu-rück« in Intervallen Druck auf die Nase ausübt. Andere Pferde reagieren, wenn man ihnen mit einem Finger oder dem Gertenknauf auf das Buggelenk drückt. Wieder andere reagieren, wenn man neben ihnen steht und die Gerte wie eine Stange vor die Brust führt und dort antippt. Manche Pferde reagieren sehr zögerlich. Loben Sie schon die leichteste Gewichtsverlagerung nach hinten! Nutzen Sie eine seitliche Begrenzung bei den ersten Übungen. Ein Schritt nach hinten reicht für den Anfang, nicht übertreiben. Auch sollten es nicht mehr als drei Schritte hintereinander in dieser Übung sein.

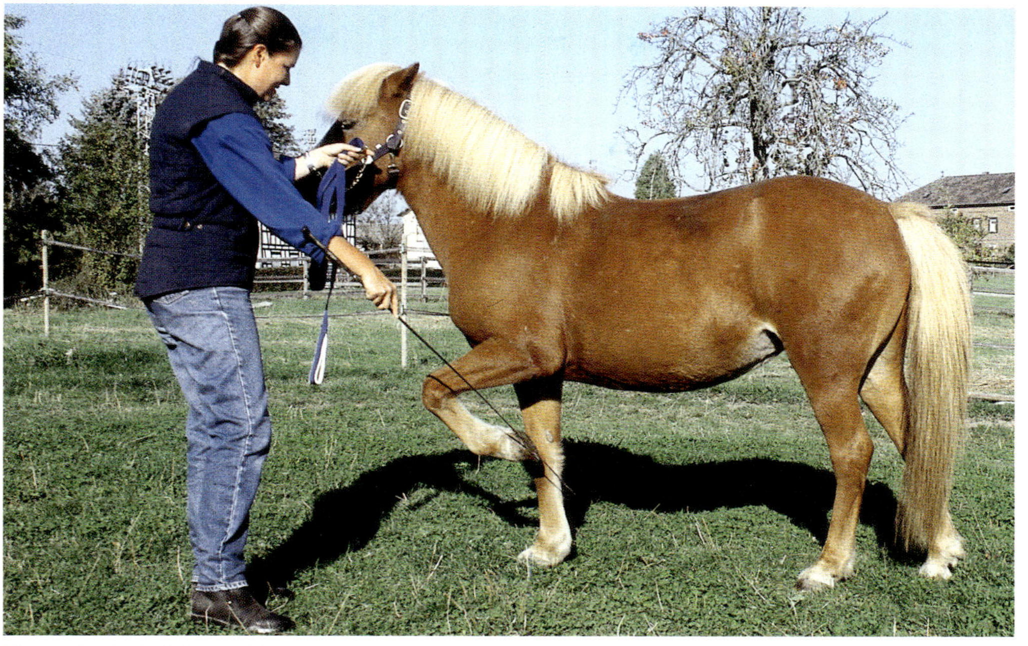

Zirzensische Lektionen bieten Erweiterungsmöglichkeiten für Fortgeschrittene in der Bodenarbeit.

Alle diese Übungen sind nicht nur Selbstzweck, sondern werden Ihnen auch im täglichen Umgang mit Pferden helfen, z.B. wenn Sie ein Pferd durch ein Tor führen, das Sie öffnen und dann auch wieder schließen müssen.

Sie treten vor das Tor und entriegeln es. Sollte das Tor sich nur in Ihre Richtung öffnen lassen, müssen Sie das Pferd veranlassen, einige Tritte rückwärts zu gehen, damit Sie das Tor öffnen können.

Dann gehen Sie mit dem Pferd durch das Tor, halten es an, lassen es eine Vorhandwendung machen, schließen das Tor und lassen es dann erneut mit der Vorhand herumtreten.

An dieser Stelle möchten wir noch einen wichtigen Hinweis geben, der mit dem Entlassen der Pferde auf die Weide zu tun hat. Lassen Sie keinesfalls das Pferd einfach in die Weide hineinstürmen. Dabei kann es für Mensch und Pferd zu schlimmen Unfällen kommen. Führen Sie das Pferd ruhig in die Koppel hinein. Im Abstand von ein paar Metern zum Ausgang drehen Sie es um, sodass sein Kopf in Richtung Ausgang zeigt. Warten Sie einige Sekunden und nehmen Sie ihm dann das Halfter in aller Ruhe ab. Nun soll es gemütlich weglaufen. Manche Pferde bocken voller Freude los, dabei kann es leicht passieren, dass der Mensch von einem Pferdehuf getroffen wird. Mit dem Kopf zum Ausgang muss das Pferd sich erst wieder herumdrehen, sodass für Sie ausreichend Zeit bleibt, auf Abstand zu gehen. Außerdem lernt das Pferd, dass der Mensch bestimmt, wann es losgelassen wird. Auf die Weide entlassen zu werden darf keinesfalls bedeuten, dass der Mensch ignoriert werden kann.

B. Anbinden und Putzen

Nachdem Sie das Pferd führen und anhalten können, kommen wir zu einem weiteren wichtigen Punkt. Das Pferd darf keine Probleme damit haben, angebunden zu werden und für eine Zeit still an einem Platz zu stehen. Das brauchen Sie unter anderem dann, wenn Sie Ihr Pferd putzen möchten.

Bewusstsein schaffen

Auch hier gilt es, die Situation zu analysieren. Stellen Sie sich vor, was passiert, wenn das Pferd angebunden steht: Steht es still, zappelt es herum, wiehert es, scharrt es mit den Hufen? Wie reagieren Sie? Haben Sie Angst? Drängt das Pferd gegen Sie? Ignoriert es Sie einfach? Bekommen Sie das Pferd trotzdem irgendwie geputzt?
Wünschen Sie sich nichts sehnlicher als ein Pferd, das das Putzen genießt und dabei still stehen bleibt? Sie müssen sich keinesfalls damit abfinden, dass das bei Ihrem Pferd nicht funktioniert. Durch gezieltes Üben werden Sie es erreichen.
Zuerst überprüfen Sie die Örtlichkeit. Wie sieht der Anbindeplatz aus? Ist der Boden eben? Befinden sich störende Gegenstände, an denen sich das Pferd verletzen könnte, in der Nähe? Wie ist die Anbindemöglichkeit beschaffen – ist sie stabil genug? Ist Platz genug, damit der Mensch auch in kritischen Situationen eine Fluchtmöglichkeit hat? Hat das Pferd Blickkontakt zu anderen Pferden?

Angebunden wird das Pferd mit einem so genannten Sicherheitsknoten, der sich im Notfall mit einem Handgriff lösen lässt. Achten Sie zudem darauf, wie lang Sie Ihr Pferd anbinden. Es sollte auf keinen Fall mit der Nase bis auf den Boden kommen, denn dann besteht die Gefahr, dass es über den Strick tritt und dabei in Panik gerät.

Anbinde-Training

Sie binden das Pferd ordnungsgemäß auf dem Anbindeplatz an. Das gesetzte Ziel: Das Pferd soll wenigstens einige Sekunden ruhig stehen bleiben. Sie geben das Kommando »Steh« und zupfen dabei gegebenenfalls am Strick. Damit bekommt das Pferd zusätzlich noch ein physisches Signal von Ihnen.
Sie selbst bleiben bei diesem Anbinde-Training ganz gelassen und atmen dabei ruhig und bewusst aus und ein. Zählen Sie langsam mindestens bis fünf. Wenn das Pferd ruhig stehen geblieben ist, wird es gelobt, und Sie können es mit langen, gleichmäßigen Bewegungen putzen. Atmen Sie aus, wenn Sie mit der Bürste in Strichrichtung bürsten.
Falls das Pferd nach den fünf Sekunden wieder aufgeregt zu zappeln beginnt, machen Sie es los und gehen mit ihm eine Runde. Danach binden Sie es erneut an. Sie sagen wieder verbunden mit dem deutlichen Signal am Strick »Steh« und zählen noch einmal langsam bis fünf. Dies werden Sie vielleicht einige Tage hintereinander wiederholen müssen, bis Sie einen echten Fortschritt sehen. Je besser es klappt, desto länger wird die Anbinde-Zeit. Falls Sie das Gefühl haben, dass das Pferd nur nervös wird, weil es keinen Stallgenossen sieht, bitten Sie jemanden, sein Pferd in der Nähe anzubinden.
Sollte das Pferd nicht gerade stehen bleiben, korrigieren Sie es, indem Sie dieselben Signale wie bei der Führarbeit verwenden. Loben Sie das Pferd, wenn es ruhig und gerade

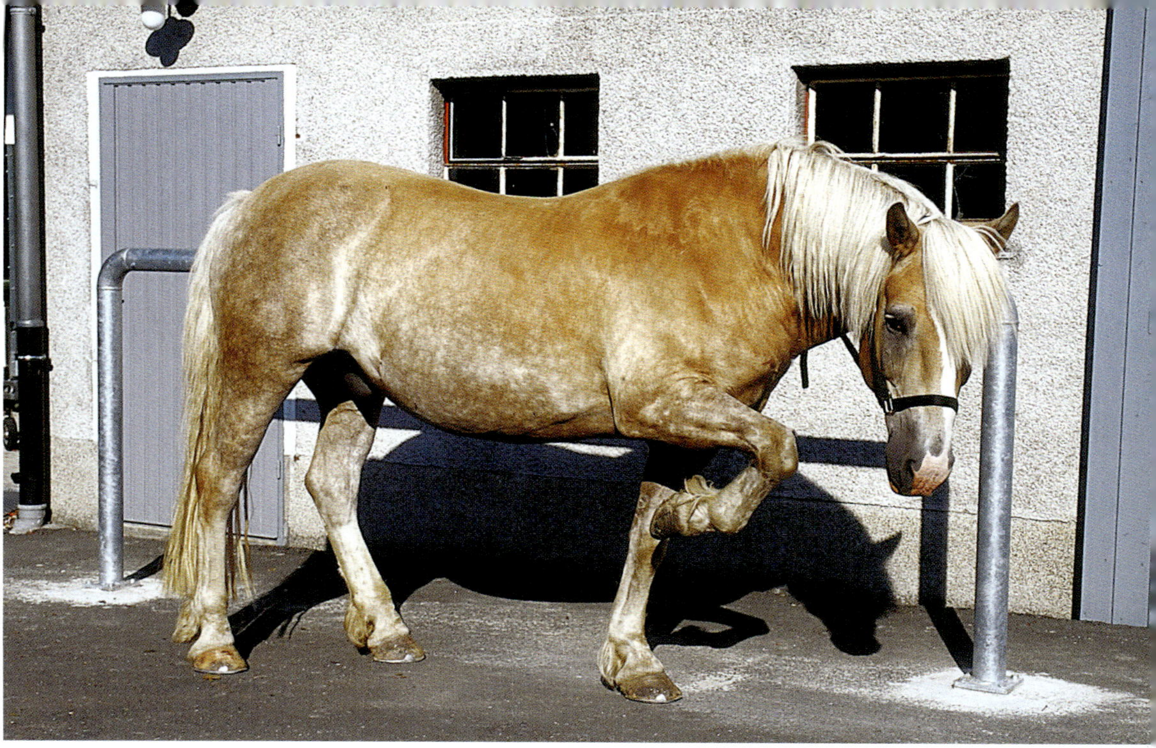

Zappelt das Pferd herum, scharrt es mit den Hufen? Bereiten Sie sich vor.

Sicher anbinden

Gerade wenn das Pferd sich schon einmal losreißen konnte oder immer am Strick zerrt, sollte über die Qualität des verwendeten Halfters und Stricks ganz besonders nachgedacht werden. Bei einem solchen Pferd ist es beispielsweise nicht sinnvoll, ein Halfter zu verwenden, bei dem der Genickriemen nur durch eine dornlose Schnalle geführt wird. Hier empfiehlt sich auf jeden Fall eine Dornschnalle. Dazu kommt die gute Verarbeitung des Halfters. Achten Sie darauf, dass alle Nähte ordentlich vernäht sind. Falls Sie ein Lederhalfter verwenden, müssen Sie darauf achten, dass das Leder gepflegt und geschmeidig ist sowie sich alle Beschläge in einem einwandfreien Zustand befinden. Der Strick sollte ebenfalls aus stabilem Material gefertigt sein. Ein weiterer wichtiger Punkt ist der Haken am Strick. Es gibt zum einen den so genannten Panikhaken, der sich schnell öffnen lässt, sobald er unter Spannung steht (beispielsweise wenn sich das Pferd zurückwirft). Leider funktioniert das nicht bei allen Modellen so wie es sollte. Man darf beim Kauf eines Anbindestricks daher nicht sparen. Lassen Sie sich im Fachgeschäft auf jeden Fall beraten. Alternativ dazu gibt es Karabiner in den unterschiedlichsten Ausführungen, auch hier ist auf die Qualität zu achten und das Material immer wieder auf Verschleißerscheinungen zu überprüfen. Darüber hinaus gibt es noch einige neue Systeme, um ein Pferd anzubinden und vor allem in Paniksituationen schnell befreien zu können. Dies können Zwischenstücke mit Klettverschlüssen sein, Klemmsysteme usw. Eine weitere Alternative sind Stricke oder gar Anbindepfosten die nachgeben. Was für Ihr Pferd die geeignetste Lösung ist, sollten Sie prüfen und gegebenenfalls ausprobieren.

Sicherheit schaffen

Nutzen Sie zu Beginn des Anbinde-Trainings immer dieselbe Stelle, um das Pferd anzubinden! Dieser Platz wird ihm bald vertraut sein, und das Pferd wird sich sicher fühlen.

stehen bleibt, bieten Sie ihm sein verdientes Leckerli möglichst aus einer tiefen Position an. Über das tief gegebene Leckerli bringen Sie den Körper in eine entspannte Haltung und die Kaubewegungen entspannen das Pferd zusätzlich. Ein Pferd, das sich unsicher fühlt, frisst nicht, sondern beobachtet mit hoch gehaltenem Kopf und Hals die Umgebung.

Da Pferde sehr sensibel auf menschliche Stimmungen reagieren, ist es wichtig, dass Sie bei der Arbeit mit Ihrem Pferd ganz gelassen sind. Hier kann Musik wahre Wunder wirken. Dabei hilft es einem oft schon, wenn man seine Lieblingsmelodie vor sich hinsummt. Man wird automatisch ruhiger. Es gibt mittlerweile aber auch eine Menge CDs mit ausgesuchter Entspannungsmusik. Was spricht dagegen, sowohl im Stall als auch im Bereich des Putzplatzes angenehme Musik laufen zu lassen. Warum nicht einmal so etwas ausprobieren? Tun Sie sich und dem Pferd etwas Gutes!

Putzen ist eine wichtige Möglichkeit zur Kontaktaufnahme mit dem Pferd und zum intensiven Kennenlernen. Darüber hinaus gibt es uns auch die Chance, das Pferd genau auf Verletzungen und schmerzende Stellen zu untersuchen. Ein entspanntes Pferd erkennen Sie immer daran, dass es den Kopf senkt, oftmals die Ohren zur Seite hängen lässt und vielleicht sogar die Augen ein wenig schließt. Sie können sich und das Pferd ganz bewusst in diese friedliche, vertrauensvolle, entspannte Haltung bringen.
Dazu sind ein paar Grundregeln zu beachten:
Benutzen Sie zum Putzen niemals zu harte Striegel oder Bürsten. Natürlich können Sie bei einem Isländer im Winterfell schon kräftiger zulangen – solange das Pferd Ihnen Entspannung signalisiert, ist das kein Problem. Aber alle knochigen Stellen – Beine, Kopf, Rücken – sind für harte Striegel tabu. Ein Pferd, das bei Druck mit der Bürste den Rücken wegdrückt, wird entweder mit zu viel Druck geputzt oder hat schon einen so empfindlichen Rücken, dass Probleme unter dem Sattel vorprogrammiert sind.
Das andere Extrem – zu wenig Druck – mögen viele Pferde auch nicht. Zudem können Pferde unheimlich kitzelig sein und entsprechend reagieren.
Atmen Sie ein, wenn Sie die Bürste vorsichtig auf dem Pferdekörper aufsetzen, und langsam aus, während Sie die Bürste in Fellrichtung über den Körper führen. Finden Sie einen langsamen, gleichmäßigen Rhythmus. Beachten Sie Ihre Atmung und die Ihres Pferdes. Lächeln Sie, genießen Sie die Zeit, nutzen Sie diese Erholung.
Gibt es eine Stelle, an der das Pferd sich besonders gerne putzen lässt und es regelrecht genießt? Nutzen Sie sie. Kraulen und putzen Sie hier, sodass Sie sehen können, dass sich das Pferd wohl fühlt.
Gehen Sie mit den Händen den Pferdekörper entlang – stoßen Sie auf harte, heiße Stellen? Reagiert das Pferd an manchen Stellen deutlich negativ und reißt dabei den Kopf hoch? Achten Sie auf seine Reaktionen, hier können sich Verspannungen andeuten.

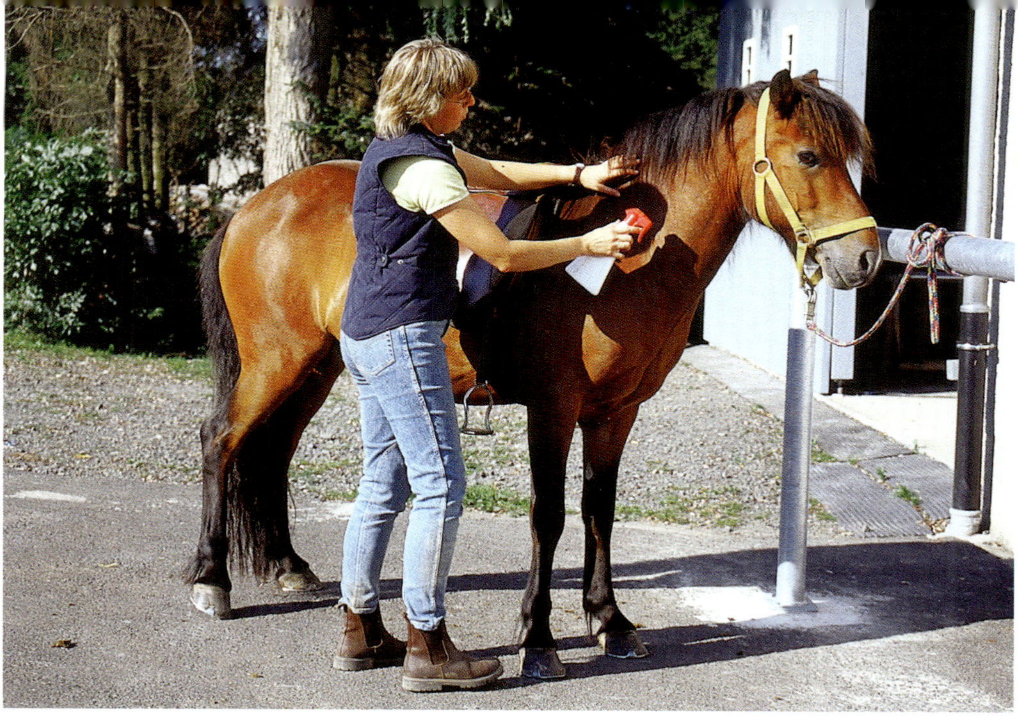

Langsame Bewegungen übertragen die Ruhe auch auf ein skeptisches Pferd.

Viele Pferde lieben es, den Mähnenkamm massiert zu bekommen. Dazu greift man mit beiden Händen an den Mähnenkamm und drückt ihn mit dem Handballen an die Finger. Die meisten Pferde lassen dabei Kopf und Hals fallen – merken Sie sich die Stelle, an der das Pferd am besten reagiert. Dort können Sie immer wieder ansetzen, wenn das Pferd sich aufregt, dabei Kopf und Hals hoch nimmt und hektisch reagiert. Mit der Massage an der Lieblingsstelle haben Sie die Chance, das Pferd schneller wieder ins seelische Gleichgewicht zu bringen.

Falls das Pferd vor dem Angebunden-Sein Angst hat, da es schon einmal schlechte Erfahrungen gemacht hat (vielleicht von hinten erschreckt wurde und nicht nach vorne ausweichen konnte), können Sie auch bei den ersten Übungseinheiten eine Longe oder einen langen Strick zum »Anbinden« benutzen. Führen Sie die Longe oder den Strick einmal über den Anbindebalken, das andere Ende halten Sie in Ihrer Hand. Bitte tragen Sie dabei unbe-

Die Fluchthaltung

Pferde sind Fluchttiere. An ihrer Körperhaltung kann man eindeutig erkennen, ob sie eine Situation als gefährlich einschätzen oder nicht. Ein Pferd, das auf der Hut ist, wird immer eine hohe Hals- und Kopfhaltung zeigen. Seine Augen wirken aufgerissen und die Ohren sind gespitzt. Die Pferde scheinen in diesem Moment nur auf ein kleines Signal zu warten, um sich auf die Flucht zu begeben. Hier zeigt sich ihr natürliches Schutzmuster. Ein Pferd hingegen, das sich sicher fühlt, trägt Hals und Kopf gesenkt – eher wie in seiner Fresshaltung.

Bei seinem Menschen soll sich das Pferd sicher fühlen und seine Fluchtreflexe kontrollieren können. Das muss ihm erst beigebracht werden.

Hier wäre es gut, wenn das Pferd nicht fest angebunden wäre, sondern der Mensch eine Longe in der Hand hätte – so könnte der Druck weggenommen und die Panikreaktion durchbrochen werden.

dingt Handschuhe. Falls das Pferd erschrecken sollte, können Sie ihm »Luft lassen«, sodass es sich zwar herumdrehen kann, aber trotzdem nicht ganz frei steht. Bei Pferden, die sehr empfindlich im Genick sind, hilft es, einen stabilen Halsriemen zum Anbinden zu benutzen – damit lassen sich manchmal eingefahrene Verhaltungsmuster überwinden.

Wie auch schon bei den Führübungen ist es wichtig, dass Sie sich beim Anbinde-Training das Ziel und den Weg vorher klarmachen. Freuen Sie sich über die Dinge, die gut geklappt haben. Bleiben Sie möglichst ruhig – auch wenn das Pferd sich einmal losreißt oder sehr unruhig ist. Gehen Sie mit ihm eine Runde um den Hof oder den Reitplatz, binden Sie es wieder an, und beginnen Sie von vorne. Seien Sie nicht enttäuscht über Rückschläge, sondern freuen Sie sich über die Fortschritte. Überlegen Sie, was gut war und wie Sie an den Punkten arbeiten möchten, die Ihnen noch nicht gefallen. Reiten und der Umgang mit Pferden ist auch für den eigenen Kopf eine Herausforderung – und die Ergebnisse werden Ihnen Spaß machen!

Praxis VIII: Bodenarbeit

Für viele gilt es auch heute noch als unreiterlich, neben dem Pferd herzugehen, statt es zu reiten. Aber gerade in unserer dicht besiedelten Umgebung kommt man immer häufiger in Situationen, in denen Absteigen einfach notwendig wird. Dazu kommt, dass es auf einem Ritt durchaus auch für den Reiter angenehm sein kann, sich die Füße zu vertreten – denn wer ist es schon gewohnt, stundenlang im Sattel zu sitzen? Was aber dazu unbedingt notwendig ist, ist ein auch an der Hand gut ausgebildetes Pferd, das die Signale des Reiters vom Boden aus wahrnimmt und ihm vertraut.

Die ersten Führübungen waren dafür erst der Anfang. Wenn Führen, Anhalten, Rückwärts- und Seitwärts-Treten sowie Stillstehen gut klappen, kommt die nächste Herausforderung. So genannte Bodenhindernisse werden aufgebaut, um mit den Pferden die verschiedensten Situationen schon einmal in vertrauter Umgebung üben zu können.

Nicht zu unterschätzen ist dabei das Vertrauen, das zwischen Mensch und Pferd entsteht. Der Reiter hat die Möglichkeit, das Verhalten des Pferdes vom »sicheren« Boden aus zu erleben und zu beobachten. Er kann in Ruhe mit ihm arbeiten. Aber auch für das Pferd ist es einfacher, auf die Signale des Menschen, der am Boden mit ihm arbeitet, zu hören. Dies macht sich besonders bei jungen, noch nicht weit ausgebildeten Pferden bemerkbar oder auch bei solchen, die sich unter dem Reiter schnell ablenken lassen und dann die Hilfen einfach nicht mehr wahrnehmen.

Körperliche Blockaden

Falls das Pferd massive Probleme damit hat, über Stangen zu treten, und es auf Sie einen sehr verspannten Eindruck macht – z.B. auch im Paddock oder auf der Weide – dann sollten Sie das Pferd von einem Fachmann (z.B. einem Osteotherapeuten) auf Blockaden untersuchen lassen. Diese Blockaden müssen für das Pferd nicht schmerzhaft sein, aber es ist eventuell in seinen Bewegungen eingeschränkt. Das bedeutet, dass es diese Übung körperlich gar nicht ausführen kann – gehen Sie in der Regel davon aus, dass das Pferd gewillt ist, Ihnen das Gewünschte recht zu machen.

A. Bodenhindernisse

Hier folgen nun einige Beispiele, die Ihnen und Ihrem Pferd in vielerlei Hinsicht nutzen werden. Durch das gemeinsame Bewältigen der Aufgaben wächst das gegenseitige Vertrauen. In den Übungen wird das Pferd dazu angeregt, nachzudenken und mitzumachen. Es wird Schritt für Schritt an ihm unbekannte Dinge herangeführt. Darüber hinaus werden sein Körpergefühl und seine Koordination geschult. Das Pferd bei diesen Übungen vom Boden aus beobachten zu können, erleichtert es, eventuelle Bewegungsschwierigkeiten frühzeitig zu erkennen.

Labyrinth und Spinne

Gute Übungen, um die Koordination und Beweglichkeit des Pferdes zu schulen, sind das Labyrinth und die Spinne. Für das Labyrinth werden sechs Stangen verwendet, die als Labyrinth-Korridor auf dem Boden ausgelegt werden. Die Aufgabe besteht darin, das Pferd

Das Labyrinth.

langsam durch das Labyrinth zu führen, ohne dass es davoneilt oder seitlich über die Stangen tritt. Bei den Biegungen soll es möglichst mit den Vorder- und Hinterbeinen in einer Spur bleiben. Hinter jeder Biegung soll das Pferd kurz angehalten werden. In dieser Pause hat es die Möglichkeit, über die Übung nachzudenken. Entscheidend dabei ist, dass das Pferd lernt, seinen Körper bewusst einzusetzen. Die Übung erfordert eine hohe Konzentration von Reiter und Pferd – also bitte nicht unterschätzen und nicht zu oft wiederholen. Fortgeschrittene können dieses Hindernis ebenso durchreiten – aber auch hier gilt: Übung langsam und bewusst ausführen.
Bei der Spinne werden mehrere Stangen fächerförmig in einem Halb- oder Dreiviertelkreis ausgelegt, wobei sich alle Stangen mit einem Ende im Mittelpunkt dieses Kreises berühren. Auf dieser Seite werden die Stangen zusätzlich zum Beispiel auf einem Strohballen aufgelegt, dadurch liegen sie hier etwas erhöht. Die jeweils anderen Enden (am Boden) dagegen befinden sich weiter auseinander, das Ganze sollte also etwa so aussehen, als wären die Stangen die Streben in einem Fächer.
Die Aufgabe lautet, das Pferd im Schritt über diese Stangen treten zu lassen, möglichst ohne sie dabei zu berühren. Lässt man das Pferd außen gehen, ist die Übung nicht ganz so anspruchsvoll. Je weiter man nach innen kommt, desto höher und enger liegen die Stangen und desto konzentrierter muss das Pferd seinen Körper einsetzen. Auch hier geht es darum,

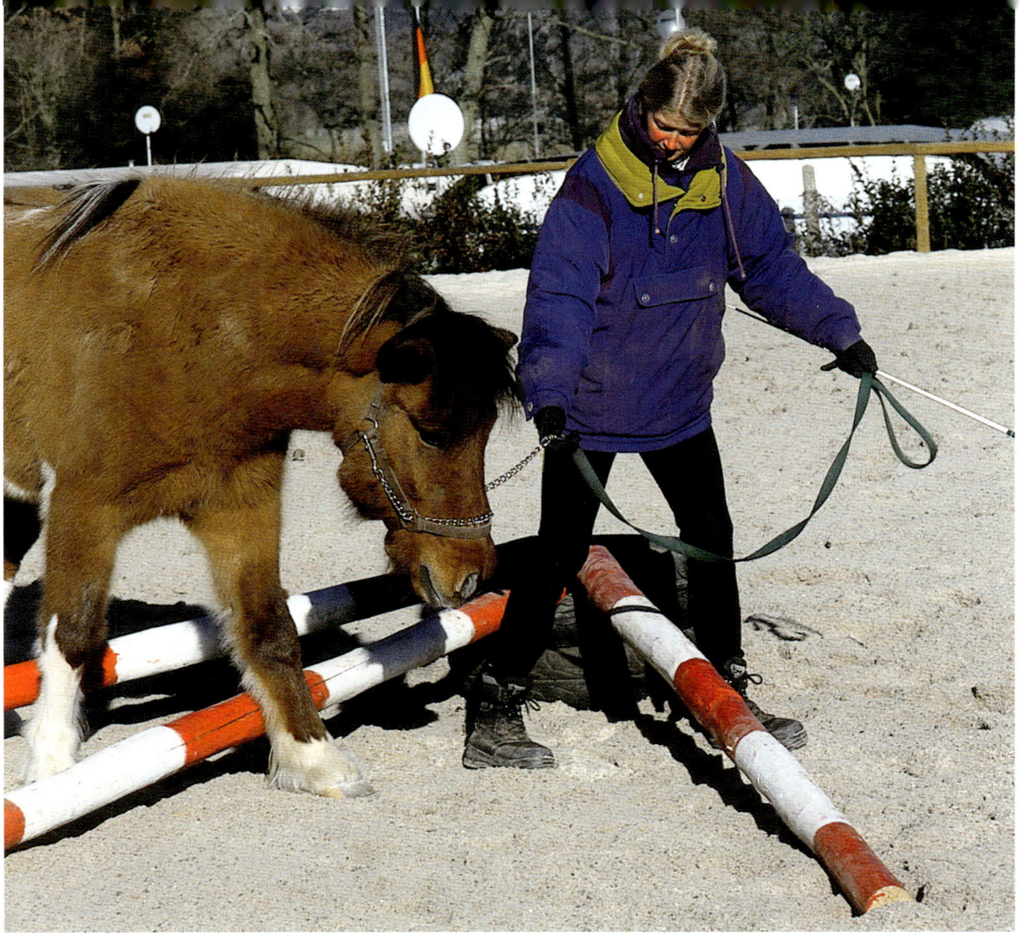

Die Spinne.

langsam zu arbeiten. Beginnen Sie an der Außenseite. Halten Sie das Pferd vor den Stangen an, lassen Sie es den Kopf senken und dann langsam weitergehen. Achten Sie darauf, dass sich das Pferd auf die Aufgabe konzentriert. Sie bestimmen das Tempo! Falls das Pferd große Schwierigkeiten mit dieser Aufgabe hat, beginnen Sie mit weniger Stangen. Falls das Pferd sich aufregen sollte, kann das natürlich mehrere Gründe haben:

- Es ist noch nicht in der Lage, sich länger zu konzentrieren, und findet alles andere drum herum viel spannender.
- Das Pferd ist mit der Aufgabe überfordert.
- Der Führende agiert hektisch und ist nicht in der Lage dazu, dem Pferd eindeutige Signale zu geben.

Gibt es Probleme, dann denken Sie an die Anfangsübungen. Bringen Sie wieder Ruhe rein. Beginnen Sie mit ein paar Schritten über die Stangen, dann loben Sie das Pferd ausgiebig. Hören Sie früh genug auf! Diese Übungen sind zwar für ein Pferd in der Regel körperlich nicht übermäßig anstrengend, dagegen ist hier Kopfarbeit gefragt, und die strengt an. Je häufiger Sie solche Übungen wiederholen, desto mehr nimmt die Konzentrationsfähigkeit bei Pferd und Reiter zu. Mit der Zeit können Sie auch die Trainingseinheiten verlängern. Aber denken Sie dran: lieber häufiger, aber dafür nicht so lange üben.

Vorsichtig wird die Plane beäugt – je besser dies am Boden klappt, desto leichter fällt es auch unter dem Reiter.

Plane

Sie möchten dem Pferd beibringen, über eine Plastikplane zu treten. Auch bei dieser Übung ist es wichtig, dass Sie sich vorher darüber klar werden, was passieren kann und wie Sie reagieren sollten. Stellen Sie sich einfach im Vorfeld unterschiedliche Situationen vor. Das Pferd kann beispielsweise vor der Plane scheuen und keinen Schritt mehr darauf zu machen. Oder es kann zwar einen Schritt auf die Plane machen, aber dann sofort seitlich ausbrechen und Sie dabei mitziehen. Was tun Sie in solch einer Situation? Lassen Sie das Pferd ruhig zurückspringen, geben Sie ihm an der Führkette ein wenig Luft, und lassen Sie es im großen Abstand anhalten und wieder zur Ruhe kommen. Lassen Sie das Pferd Kopf und Hals absenken. Gehen Sie mit dem Pferd dann erneut so nahe an das Hindernis heran, bis es deutlich zeigt, dass es sich unwohl fühlt. Halten Sie es an, und veranlassen Sie es, den Kopf und Hals erneut abzusenken. Wenn das Pferd Ihnen willig gefolgt ist und auf Ihr Kommando angehalten hat, loben Sie es und geben Sie ihm ein Leckerli. Das Leckerli bieten Sie ihm wieder von einer tiefen Position aus an. Arbeiten Sie sich Stück für Stück bis an die Plane vor und loben Sie das Pferd für jeden Schritt in die richtige Richtung. Arbeiten Sie dabei an der tiefen Hals- und Kopfhaltung. Ihr Ziel für den ersten Trainingstag sollte höchstens sein, dass das Pferd sich von dem Rand der Plane ein Leckerli abholt. Für ängstliche Pferde reicht das für einen Tag! Am nächsten Tag wiederholen Sie das Ganze in aller Ruhe. Falten Sie die Plane zusammen, sodass nur noch ein Streifen dort liegt, und führen Sie das Pferd daran vorbei. Achtung! Sie müssen innen gehen, damit das Pferd von Ihnen wegspringt, falls es sich erschreckt! Am darauf folgenden Tag lassen Sie das Pferd zwischen zwei Streifen Plane durchgehen. Dann legen Sie die Streifen v-förmig aus, sodass das Pferd die Plane nicht berühren muss, wenn es einen großen Schritt macht. Dann rücken Sie die Planestreifen immer mehr zusammen, so lange, bis es wieder eine Fläche wird. Das kann einige Tage dauern – aber diese Art der Arbeit wird sich auszahlen. Ihr Ziel: Das Pferd tritt neben Ihnen gelassen auf die Plane, lässt sich dort anhalten und in Ruhe darüber führen. Sie sollten das Pferd hinter dem Bodenhindernis immer anhalten, ausgiebig loben und Ruhe reinbringen. Üben Sie auf einem eingezäunten Platz, dann ist es auch kein Problem, wenn Sie ein besonders ängstliches Pferd einmal loslassen. Machen Sie sich nichts daraus, wenn nicht alles auf Anhieb klappt. Arbeiten Sie in kleinen Schritten, erwarten Sie nicht zu viel von sich und dem Pferd.

Auch die souveräne Führtechnik muss man gelernt haben. Zudem muss man in der Lage sein, die Signale des Pferdes richtig zu erkennen, um schnell genug reagieren zu können. Bis Übungen »automatisch« ohne großes Nachdenken funktionieren, müssen sie ca. 2000–3000 Mal wiederholt werden. Nutzen Sie die Gelegenheit, sich Wissen anzueignen. Es gibt gerade zum Thema Bodenarbeit mit Pferden eine Fülle guter Bücher. Beobachten

Eindeutig sein

Als Erstes erfolgt ein deutliches, aber nicht nachdrückliches Signal. Sobald das Pferd reagiert, wird gelobt. Sollte das Pferd nicht reagieren, wird das Signal mit Verstärkung wiederholt – und zwar so lange, bis das Pferd zumindest andeutungsweise das gewünschte Verhalten zeigt. Bei der Wiederholung wird wieder mit dem feinen Signal begonnen und so lange konsequent weitergearbeitet, bis der erste Ansatz in die richtige Richtung erfolgt. In der Regel kommt man innerhalb kürzester Zeit mit immer feineren Hilfen aus, da das Pferd weiß, dass Sie konsequent das Gewünschte einfordern!

Schulen Sie Ihren Blick!

Falls Ihnen die Bodenarbeit sehr schwer fällt und Sie nicht erkennen können, ob Sie etwas oder was Sie falsch machen, lassen Sie sich beim Training filmen. Wenn Sie sich das Videoband ansehen, werden Sie zum Beispiel erkennen, ob Sie Ihrem Pferd im Weg stehen oder seine Reaktionen vielleicht nicht bemerkt haben.

So ein Flattervorhang ist schnell gebastelt.

Sie, wie andere Reiter mit ihren Pferden am Boden umgehen – führt das Pferd oder der Reiter? Sind beide schon ein eingespieltes Team, bei denen die Signale kaum noch zu sehen sind? Ist das Pferd im Training entspannt oder eher aufgeregt? Reagiert es auf den Reiter? Wenn ja, schon auf kleine Signale, oder muss sich der Reiter immer und immer wieder deutlich »bemerkbar« machen?

Manche Pferde reagieren abgestumpft, weil der Mensch sie mit widersprüchlichen Signalen überhäuft oder nie konsequent ein Ziel verfolgt. Daher überlegen Sie sich bitte bevor Sie mit der Arbeit beginnen, mit welchen Signalen Sie arbeiten wollen und welche Hilfsmittel Ihnen zur Verstärkung Ihrer Signale zur Verfügung stehen.

Ein Beispiel: Sie befinden sich mit Ihrem Pferd auf dem Reitplatz. Es ist mit Halfter und Führkette ausgerüstet. Ihnen steht eine Gerte zur Verfügung. Sie möchten das Pferd an der Hand antraben.
Sie befinden sich in Ihrer Führposition seitlich neben dem Pferd (Position zwischen Kopf und Schulter). Die Gerte setzen Sie treibend (seitlich) ein, geben das Kommando »Terab«,

lassen dem Pferd nach vorne Luft und laufen selbst los. Das Pferd reagiert nicht, wie Sie es sich vorstellen. Es bleibt im Schritt, macht aber den Hals immer länger. Sie gehen zurück in die Ausgangsposition und tippen diesmal das Pferd mit der Gerte leicht an der Seite an – immer noch erfolgt keine Reaktion. Jetzt werden Sie energisch und ticken das Pferd einmal etwas heftiger an der Seite an – in der Regel erfolgt spätestens jetzt die Reaktion und das Pferd trabt an. Sie laufen mit, dabei loben Sie es mit der Stimme und parieren es wieder zum Schritt durch. Dann wiederholen Sie das Ganze.
Zuerst kommt das leichte Gertensignal, wenn das Pferd nicht reagiert, die nächste Stufe usw. Meist reagiert das Pferd nach zwei bis drei Übungseinheiten schon so sensibel, dass es auf Ihre Stimme und Ihre eigene Vorwärtsbewegung hin antrabt. Wichtig ist, dass Sie immer dieselben Kommandos geben.

Eine weitere Grundregel

Gerade in Situationen, in denen wir Angst bekommen, neigen wir dazu, verstärkt aggressiv zu reagieren. Falls Sie dazu gehören (willkommen im Club!), dann ist der erste und wichtigste Schritt, dieses Verhalten zu erkennen. Auch wenn dieses aggressive Verhalten unsere Ängste und Unsicherheiten zu überdecken scheint – das Pferd schaut hinter die Fassade! Daher gilt: Auch wenn etwas nicht klappt – ruhig bleiben, sich und das Pferd neu sortieren, tief durchatmen, eine einfache Übung einbauen, den Erfolg loben und mit einem guten Gefühl nach Hause gehen.
Am nächsten Tag ist es immer noch früh genug, die schwierigere Übung zu wiederholen. Oft hat sich dann über Nacht der Knoten gelöst, und die Übung klappt. Das hat noch nichts mit Inkonsequenz zu tun. Inkonsequent handeln Sie, wenn Sie das Pferd zurück in den Stall bringen, nachdem Ihr Training komplett misslungen ist. Beim Pferd hinterlassen Sie das Gefühl, dass es das Training selbst beenden konnte. Es muss Ihre Entscheidung bleiben, wann Sie mit der Übungseinheit fertig sind. Allerdings sollten Sie darauf achten, dass Sie immer mit einer positiv verlaufenen Übung enden.

Ideen für Bodenhindernisse:

- Brücke
- Wippe
- Flatterbandtor
- Plastikplane – zum Beispiel über einen Zaun gehängt
- Gasse aus verschiedenen (ungefährlichen) Gegenständen
- Bälle, Luftballons oder aufgespannte Regenschirme
- Autoreifen (Achtung: Bis dahin sollte das Pferd schon eine solide Grundausbildung haben und dem Menschen vertrauen – sonst ist die Panik groß, wenn das Pferd am Reifen hängen bleibt.)

Inzwischen gibt es bei der FN (Deutsche Reiterliche Vereinigung) eine so genannte Gelassenheitsprüfung (GHP). In dieser Prüfung kann jeder Pferdesportler die Gelassenheit seines Pferdes demonstrieren. Die Unterlagen dazu kann man bei der FN anfordern.
Westernreiter haben für gerittene Bodenhindernisse schon lange eine eigene Prüfung: den

Auch beim Spaziergang geht es um Aufmerksamkeit, Konzentration und Vertrauen.

Trail. Aus diesem Bereich kann man sich sehr gute Anregungen und Ideen holen. Bei vielen Breitensport- und Freizeitturnieren sind Trail-Prüfungen inzwischen sehr verbreitet. Vielleicht ist das ja ein Ziel, das Sie sich selbst setzen können, mit Ihrem Pferd einmal an einem Breitensportturnier an den Start zu gehen.

Raus ins Gelände

Wenn viele dieser Übungen bereits klappen, dann können Sie das Training auch ins Gelände verlegen. Dort treten immer wieder neue Situationen auf. Man trifft auf Autos, Traktoren, Radfahrer, große und kleine Hunde, Spaziergänger, Kinderwagen, Rollstühle, andere Pferde und Reiter, Rinder und Schafe auf Weiden, Rehe, Hasen, Vögel usw.

Jedes Mal erwarten wir dabei von unserem Pferd, dass es diese Dinge gelassen wahrnimmt, aber gleichzeitig auch auf unsere Hilfen reagiert – gar nicht so einfach, oder? Mit vielem wird das Pferd mittlerweile vertraut sein, aber seine Angst vor allem Unbekannten wird nicht völlig verschwunden sein. Stellen Sie sich folgende Situation vor: Ihr Pferd weigert sich, an einem Silageballen vorbei zu gehen. Sie merken, dass es nicht mehr auf ihre Hilfen reagiert und bekommen Angst. Ihre Unsicherheit überträgt sich auf das Pferd und das Pferd fühlt sich in seiner Ungewissheit bestätigt. Diese Emotionen können sich so weit aufschaukeln, dass das Vertrauen von Pferd und Reiter zerstört wird. Damit ist kein gemeinsames Arbeiten und Weiterkommen mehr möglich. Dann zählt wieder die Devise: zurück zur Basis. Gewinnen Sie das Vertrauen des Pferdes bei alltäglichen Dingen wie einfachen Führübungen, Putzen, Bodenarbeit oder kleinen Spaziergängen in vertrauter Umgebung zurück. Dabei hört sich ein Spaziergang nach lässigem Schlendern an – das ist hier nicht gemeint: Hier geht es wieder um Konzentration, Achtsamkeit, Vertrauen und Gehorsam des Pferdes in allen Situationen.
Beginnen Sie also mit kurzen Spaziergängen. Sie entscheiden dabei das Tempo. Halten Sie das Pferd zwischendurch immer wieder an und lassen Sie es ein bis zwei Tritte rückwärts gehen. Eine gute Konzentrationsübung ist es, das Pferd Schritt für Schritt gehen zu lassen: einen Schritt vor – anhalten – nächster Schritt – anhalten, usw. Aber auch hier gilt: nicht zu oft hintereinander üben! Ihr Ziel lautet: Das Pferd soll ruhig und gelassen neben Ihnen hergehen und dabei auf Ihre Signale achten. Falls die Grundübungen gut funktionieren, lassen Sie es ein kurzes Stück an der Hand traben, bauen Sie Vorhand- und Hinterhandwendung oder Seitengänge ein.
Falls das Pferd immer wieder an derselben Stelle ängstlich reagiert, halten Sie es weit genug vor dieser Stelle an, loben Sie es und lassen Sie es seinen Kopf-Hals-Bereich senken. Führen Sie das Pferd wieder an und wiederholen Sie das Ganze nach ein paar Metern. Tief gegebene Leckerli zum Kopf-Senken und Entspannen sind erlaubt! Wichtig: Lassen Sie sich Zeit und besuchen Sie dieselbe Stelle öfter. So lange, bis das Pferd gelernt hat, dass dort nichts zu befürchten ist und es Ihnen vertrauen kann.

Nutzen Sie auf Ihren Spaziergängen alle »neuen« Hindernisse. Vielleicht liegt irgendwo an einem Wiesenweg eine Plastikplane, an der Sie vorbeireiten können? Gibt es Schafe, Gänse, Rinder auf den Weiden in Ihrer Nähe? Gibt es irgendwo einen Graben, den Sie mit Ihrem Pferd an der Hand überspringen können? Überlegen Sie, wo Sie einmal zusammen mit Ihrem Pferd eine Brücke überqueren können? Wo befindet sich der nächste Bachlauf, an dem Sie Ihr Pferd ans Wasser gewöhnen könnten? Sie dürfen natürlich beim Üben im Gelände keine Flur- oder sonstigen Schäden verursachen.

Achtung: Eins darf das Pferd nie – es darf Sie nie zur Seite drängen! Tut es das, dann ist das der Moment, in dem die Gerte auch einmal heftiger zum Einsatz kommen darf. Das Wegschieben des Menschen mit Kopf oder Körper ist für das Pferd nicht erlaubt. Sein Verhalten zeigt, dass es Sie nicht als Führungs- und Vertrauensperson wahrnimmt. Diese Grenze müssen Sie setzen, wenn es sein muss, auch mit einem kräftigeren Gerteneinsatz – was keinesfalls sinnlose Prügelei bedeuten soll.

B. Longenarbeit

Bisher haben wir mit unserem Pferd immer am Führstrick (aus einer Position neben ihm) gearbeitet. Aber es gibt natürlich noch mehr Möglichkeiten. Vielleicht hatten Sie ja immer schon die Idee, das Pferd zu longieren und alle Versuche sind dabei schief gegangen. Das Pferd hat Sie nicht verstanden, und Sie wussten nicht, wie Sie ihm das Gewünschte beibringen können? Zu Beginn hilft die Position zwischen den Händen. Das bedeutet, dass Sie jetzt nicht mehr mit Ihrer Körperfront in der gemeinsamen Bewegungsrichtung stehen, sondern sich zur Pferdeseite zuwenden. Wenn Sie dabei den Führstrick und die Gerte als Verlängerungen der Arme betrachten, befindet sich das Pferd dazwischen. Auch hier beginnen wir wieder mit dem Abstreifen des Pferdes mit der Gerte. Dann fordern wir es mit einem leichten Gertensignal auf der Kruppe auf, vorwärts zu treten. Dabei müssen Sie seitlich auf Höhe der Körpermitte des Pferdes mitgehen. Achtung: geben Sie vorne am Kopf nach. Zum Anhalten machen Sie einen Schritt weiter nach vorne, bringen die Gerte in einem großen Bogen ebenfalls vor das Pferd und geben das gewohnte Signal zum Anhalten. Sobald das Pferd auf die feinen Signale reagiert, vergrößern Sie den Abstand – und nach kurzer Zeit sind Sie am Ende der Führkette angelangt und können das Pferd auf einem kleinen Kreis (natürlich im Schritt) um sich herumgehen lassen. Damit ist die Grundübung für das Longieren angelegt.
Achten Sie bei dieser Übung auf Ihre Körperhaltung und Ihre Position zum Pferd. Sensible Pferde reagieren schon auf leichte Gewichtsverlagerungen ihres Menschen. Dabei ist die treibende Position immer in Richtung Hinterhand, die verhaltende Position Richtung Vor-

Die Sache mit der Zeit

Wenn Sie diese Übungen alle gemacht haben und zwar Schritt für Schritt, wie es für Sie und das Pferd notwendig war, kann schon eine ganze Weile vergangen sein. Bei manchen dauert diese Phase Monate. Das ist vollkommen normal! Wie viel Zeit verbringen Sie pro Woche mit Ihrem Pferd? Können Sie wirklich jeden Tag an diesen Dingen arbeiten? Das ist wohl bei den wenigsten Reitern der Fall. Daher denken Sie daran: Sie haben alle Zeit der Welt. Solange Sie mit Ihrem Pferd kein Geld verdienen wollen, sondern einen Partner für eine schöne Freizeitgestaltung suchen, dann zählt doch die Zeit, die Sie mit dem Pferd verbringen. Denn schon auf diesem Weg werden Sie den Grundstein für ein zufriedeneres, glücklicheres Zusammensein mit dem Pferd legen bzw. schon eine glückliche Zeit haben. Es ist nur eine Frage der Betrachtungsweise – und dessen, was Ihr persönliches Ziel ist. Falls Sie kein eigenes Pferd haben, sondern Schulpferde nutzen oder eine Reitbeteiligung haben, fragen Sie die Besitzer der Pferde, ob Sie Bodenarbeits-Übungen mit den Pferden machen dürfen. Vielleicht werden Sie am Anfang belächelt, es gibt ein paar bissige Kommentare, aber profitieren davon werden auch immer die Pferde und damit auch alle, die mit ihnen umgehen. Dann wird es irgendwann (das kann dauern, wir sprechen auch hier wieder von der »Zeit«) immer leiser werden. Es erfordert Mut, aber es könnte für Sie ein großer Schritt sein – seien Sie stolz darauf!

Wir beginnen die Longenarbeit stets unausgebunden.

hand oder Kopf. Also Vorsicht, falls das Pferd plötzlich anhält: Vielleicht sind Sie nur ein wenig zu weit nach vorne gekommen. Auch hier gilt: nicht hektisch werden, in Ruhe überlegen, sortieren und neu beginnen, bis Sie und das Pferd die Übung verstanden und das Körperbewusstsein dafür erlangt haben.
Falls dies jetzt gut funktioniert, können Sie beginnen, eine einfache Longe in das Halfter zu haken. Die Führkette entfällt dabei. Jetzt beginnen Sie wieder, das Pferd in einem kleinen Kreis um sich herumgehen zu lassen. Dann geben Sie ein wenig Longe nach und vergrößern den Abstand. Hier überprüfen Sie wieder, ob das Pferd auch aus größerer Entfernung auf Ihre Signale reagiert. Treiben Sie es nun ein wenig, damit es langsam antrabt – nicht zu schnell, achten Sie auf Ihre Position und parieren Sie es wieder zum Schritt durch, indem Sie sich Richtung Schulter bewegen, die Gerte vor den Kopf des Pferdes halten und das Stimmkommando einsetzen. Klappt es? Prima! Kräftig Loben!

Was tun, wenn?

Hat das Pferd bei dieser Übung die »Freiheit« entdeckt – es macht den Hals gerade und zieht geradeaus? Versuchen Sie, mit ihm auf einer Höhe zu bleiben und es in die nächste

Ecke zu dirigieren, um ihm dann den Weg abzuschneiden. Treten Sie dabei vor das Pferd, während Sie die Longe verkürzen. Die Gerte darf sich dabei nicht in einer treibenden Position befinden! Puh – das wäre wieder eine unserer Angst-Situationen! Alles klappt nicht, das Pferd läuft los und Sie können nicht folgen? Sind Sie vor lauter Sorge »wie gelähmt«? Kein Problem! Da wir solche neuen Dinge natürlich nur innerhalb einer Umzäunung üben, können wir zur Not einfach auch die Longe fallen lassen und das Pferd seine Runden laufen lassen – bis wir uns wieder sortiert haben und das Pferd sich beruhigt. (Wegen des Verwicklungs-Risikos sollten wir es jedoch nach Möglichkeit vermeiden, die Longe loszulassen.) Dann sammeln wir uns wieder und beginnen erneut – mit kürzerem Abstand, erst einmal nur im Schritt, und üben dann mit Führkette nochmals das Traben an der Hand. Zu Hause kann man dann die Situation noch einmal in Ruhe durchdenken, sich überlegen, was nicht so gut war – hektische Stimmung an diesem Tag, Sie waren unkonzentriert, deshalb stimmte Ihre Körpersprache nicht, das Pferd hatte zwei Tage seine Box nicht verlassen, oder es war einfach nicht Ihr Tag? Überlegen Sie, mit was Sie die morgige Übung beginnen, und gehen dann zu einem nächsten Versuch über. Falls diese Situation häufiger entsteht, sollten Sie vorher an der Beweglichkeit und Lockerheit des Pferdes im Kopf-Hals-Bereich arbeiten.

Sie können das Pferd jetzt auf einem Kreis von ca. sechs Metern um sich herumgehen lassen, es anhalten, antraben, durchparieren. Dann wird es Zeit, die bisher verwendete Gerte gegen eine Longierpeitsche zu tauschen. Auch an diese wird das Pferd erst einmal wieder durch Abstreifen gewöhnt. Dann beginnen wir erneut mit dem kleinen Kreis, den wir jetzt Schritt für Schritt vergrößern. Kontrollieren Sie immer wieder, ob das Pferd sich noch parieren lässt! Klappt es? Na prima, loben Sie Ihr Pferd!
Falls Sie einen fest eingezäunten Longierzirkel oder ein Round Pen zu Verfügung haben oder sich ein Stück vom Reitplatz abzäunen können, können Sie diese Übung auch ohne Longe durchführen. Wichtig ist dabei Ihre Körpersprache, sprich Ihr Körpereinsatz. Ein wenig bewegen werden Sie sich vor allen Dingen am Anfang müssen – auf die Schulter/den Kopf des Pferdes zu, um es zu verlangsamen und anzuhalten, auf die Hinterhand zu, um es zu treiben. Das Pferd achtet auf Sie? Sie wissen, was Sie tun müssen, damit es wie gewünscht reagiert? Sie erkennen die nächsten Reaktionen des Pferdes an seiner Körpersprache? Herzlichen Glückwunsch – Sie kommunizieren mit Ihrem Pferd! Sie können die Situation kontrollieren – gibt es dabei einen Grund für Ängste?

Wichtig ist bei dieser Art des »Longierens« anzumerken, dass dabei erst einmal nicht der gymnastizierende Effekt im Vordergrund steht – hierbei geht es jetzt erst einmal um Kommunikation. Daher ist vor allen Dingen darauf zu achten, dass alles langsam und in Ruhe passiert. Warnen möchte ich in diesem Zusammenhang unbedingt davor, ein Pferd, das viele Stunden in der Box gestanden hat, sofort frei laufen zu lassen. Es wird erst einmal seinen Bewegungsdrang austoben wollen – und das kann ganz schnell zu schweren Verletzungen führen! Also bitte in diesen Fällen immer erst einige Zeit (mindestens 15 Minuten) kontrolliert an der Führkette oder kurz gehaltenen Longe im Schritt arbeiten, damit Sehnen, Bänder, Gelenke und Muskeln erwärmt werden. Bei Offenstall- oder Weidehaltung muss es

Die Ausrüstung des Longenpferdes: Ein Kappzaum für die Longe, ein Dreieckszügel verläuft über die Trensenringe zum Longiergurt.

nicht unbedingt eine so lange Aufwärmphase sein, aber ein paar Gehorsamsübungen im Schritt vor dem Longieren oder vor der Arbeit im Round Pen erleichtern die Arbeit. Wenn Sie dies immer konsequent tun, wird das Pferd dieses Ritual auch schnell kennen und wissen, dass es nicht einfach lostoben kann.

Um sich und das Pferd sinnvoll auf das Reiten vorzubereiten, lohnt es sich auf jeden Fall, die Grundlagen des Longierens, die Sie und das Pferd sich bisher erarbeitet haben, zu verfeinern und zu vervollständigen. Schon an der Longe kann das Pferd gymnastiziert werden, eine gesunden Körpereinsatz erlernen, mit dem dann das Tragen des Reitergewichtes erst gesund möglich wird. Das ist nicht nur etwas für junge Pferde! Auch viele Pferde, die nicht gleichmäßig geritten werden oder gar in einer ungesunden Haltung geritten werden, profitieren von einer guten Arbeit vom Boden aus. Auch schon die Übungen mit der Führkette, z.B. im Labyrinth, sorgen für einen besseren Umgang des Pferdes mit seinem Körper. An der Longe lässt sich dies z.B. mit Hilfe von Hilfszügeln erreichen.

Aber was bedeutet gesunde Haltung? Welche Fähigkeiten muss ein Pferd haben, um seinen Reiter lange Jahre ohne gesundheitliche Beeinträchtigungen tragen zu können? Und was hat dies mit dem Thema Angst zu tun?

Schulen Sie Ihren Blick für Bewegung, Haltung, Stellung und Biegung Ihres Pferdes.

Wie schon eingangs erwähnt sind Pferde so genannte Fluchttiere. Eine Möglichkeit, sich vor Angreifern zu schützen, ist die Flucht nach vorne. Für ein solches Tier sind natürlich vor allen Dingen Schmerzen im Rücken eine Bedrohung – seine notwendige Beweglichkeit wird eingeschränkt. Dies macht wiederum Angst ... Was ist also unser Ziel? Wie schon durch die Bodenarbeit vorbereitet, möchten wir ein Pferd, das losgelassen und vertrauensvoll an unbekannte Dinge auch unter dem Reiter herantritt. Dazu gehört sowohl eine Losgelassenheit des Geistes als auch eine Losgelassenheit des Körpers, ein Einsatz der Muskeln durch An- und Entspannen. Stellen Sie sich vor, Sie sind auf einer Wanderung. Sie tragen einen Rucksack, was Sie nicht gewöhnt sind. Trotzdem wollen Sie damit einen ganzen Tag durch die Berge gehen. Das ungewohnte Gewicht drückt, Sie versuchen diesem Druck erst auszuweichen, z.B., indem Sie den Rucksack verschieben. Sie beginnen Muskeln anzuspannen – und sind nach einiger Zeit völlig verspannt. Ein unangenehmer Zustand, der auch noch mit Schmerzen verbunden ist. Dasselbe kann einem Pferd mit unpassender Ausrüstung oder bei schlechtem Training bzw. falschem Reiten passieren. Daher ist auch eine gute Vorbereitung des Pferdes auf längere Reitzeiten notwendig – und eine Stunde Dressur in der Halle oder auf dem Reitplatz ist schon eine ganze Menge. Sie finden in jeder Literatur die Empfehlung, junge Pferde in eine so genannte Dehnungshaltung »vorwärts-abwärts«

zu reiten bzw. zu longieren. Was passiert dabei? Man kann es sich in etwa so vorstellen (Vorsicht – dies ist keine wissenschaftlich exakte Beschreibung): Ein sehniges Band verläuft vom Hinterhaupt des Pferdes über die gesamte Wirbelsäule. Wenn das Pferd Kopf und Hals im Bogen senkt, wird dieses Band gestreckt, und die Dornfortsätze der Wirbel richten sich auf. Das Pferd ist in der Lage, mehr Last auf dem Rücken aufzunehmen, die Muskeln können sich frei bewegen und die Bewegung frei durch das Pferd laufen. Jetzt stellen Sie sich vor, das Pferd hat dieses Band nicht gedehnt und Sie drücken punktuell auf den Rükken – was passiert? Das Pferd drückt den Rücken nach unten, der Hals und der Kopf richten sich auf, und damit haben wir bei empfindlichen Pferden schon die Fluchthaltung. Diese Haltung wirkt wiederum auf die Psyche des Pferdes – und Flucht- und Schmerzreaktionen können die Folge sein.
Daher ist unsere Übung zum Kopf-Senken als Vorbereitung so wichtig – und dann als Aufbau darauf ein gymnastizierendes Longieren und auch Reiten.

Sehr gut funktioniert das Longieren mit einem gut sitzenden Kappzaum. Bei ihm kann man die Longe in der Mitte des Nasenstücks einschnallen. Lassen Sie sich von einem Fachmann erklären, wie der Kappzaum korrekt verschnallt wird, falls Sie noch nicht damit gearbeitet haben. Eine Trense lässt sich da zusätzlich gut drüberziehen, als Gebisse sind einfach oder doppelt gebrochene Trensen geeignet. Zum Longieren mit Hilfszügeln ist weiterhin noch ein Longiergurt mit mehreren Ringen erforderlich. Als Hilfszügel für die Arbeit mit jungen oder ungeübten Pferden kann man den so genannten Dreieckszügel empfehlen. Dies ist ein Schlaufzügel mit einer Möglichkeit, ihn seitlich am Longiergurt zu befestigen. Zum Aufwärmen gilt das gleiche wie vorher auch, erst einmal Schritt, hier aber bitte noch ohne den eingeschnallten Hilfszügel. Um erfolgreich mit diesen Dingen arbeiten zu können, sollten Sie auf jeden Fall Ihren Blick dafür geschult haben, wie die Bewegungen des Pferdes, seine Haltung, Stellung und Biegung aussehen sollten. Dabei hilft wieder Literatur oder aber auch der Besuch eines Seminars zum Thema Longieren.

In diesem Buch können wir dieses Thema nur kurz ansprechen, aber auch dazu gibt es gute Fachbücher. Da Angst oft etwas mit der Angst vor dem Neuen und Unbekannten zu tun haben kann, kann Ihnen auch theoretisches Wissen dabei helfen, klarer zu sehen. Machen Sie sich mit dem »Neuen« bekannt, damit werden manches Mal auch unverhofft Zusammenhänge klar, und Reaktionen des Pferdes werden logisch und verlieren ihren Schrecken.

C. Entspannungsübungen für Pferde

Beim Putzen haben wir unserem Pferd bereits mit Handballen und Fingern den Mähnenkamm massiert. Diese wohltuende Massage veranlasst die Pferde dazu, den Kopf zu senken.
Diese Entspannungsübungen lassen sich auch schön bei einem aufgezäumten Pferd durchführen. Dabei kann man schon vom Boden aus für die notwendige Lockerheit im Maul-Hals-Bereich sorgen. Zuerst lockern wir den Maul- und Unterkieferbereich des Pferdes. Das können Sie folgendermaßen tun: Sie stellen sich vor das Pferd, greifen mit den

Lockern Sie das Pferd im Maul- und Unterkieferbereich.

Hartes Maul – was nun?

Manche Pferde sind so hart im Maul, dass sie auf diese Reize anfangs sehr schlecht reagieren. Dies kann unterschiedlichste Ursachen haben. Zur Erleichterung können Sie dem Pferd am Anfang auch vor der Übung ein Stück Apfel reichen, sodass es schon einmal einspeichelt und das Gefühl des Gebisses im Maul mit etwas Angenehmen verbindet. Beginnen Sie aber erst mit der Übung, wenn das Pferd das Apfelstück komplett verspeist hat!
Bei länger andauernden Schwierigkeiten im Maulbereich sollten Sie auch unbedingt die Zähne des Pferdes untersuchen lassen.

Daumen von vorne in die Trensenringe. Die Daumen liegen dann in der Kinngrube. Jetzt bewegen Sie sachte den Daumen, bis das Pferd eine Maulreaktion zeigt. Variieren Sie den Druck, bis diese Reaktion kommt, dann arbeiten Sie so weiter. Im nächsten Schritt stehen Sie seitlich neben dem Pferd und greifen die Zügel ca. 10 cm hinter den Trensenringen. Lassen Sie eine Hand mit leichtem Druck stehen und arbeiten leicht mit der anderen. Spielen Sie dabei mit den Fingern und nicht mit dem ganzen Arm oder der Faust. Schließlich stellen Sie sich seitlich neben das Pferd, sodass Sie die Hände auf Höhe des Widerristes halten können, und wiederholen hier die Übung. (Der letzte Teil funktioniert leider nicht mehr bei kleinen Reitern mit sehr großen Pferden.)

Bei einer anderen Variante arbeiten Sie mehr im Bereich der Maulwinkel. Dabei wird mit hoch genommenen Händen mit dem Trensengebiss in den Maulwinkeln »gespielt«. Sobald das Pferd mit Öffnen des Maules bzw. mit Bewegung des Unterkiefers reagiert, wird der Druck wieder reduziert. Im ersten Moment wirkt das Ganze auf uns etwas »brutal« – das Gebiss zieht in die Maulwinkel (die ja sehr weich und nachgiebig sind), das Maul wirkt dadurch verzogen, dann machen viele Pferde dabei eine große Bewegung mit dem Unterkiefer, was ungewohnt aussieht, aber erwünscht ist. Stellen Sie sich vor den Spiegel und ziehen sich mit einem Finger im Mundwinkel – tut nicht weh, sieht aber furchtbar aus! Eine gute Übung für Pferde, die schlechte Erfahrungen mit dem Gebiss haben und dadurch Angst vor Druck auf den Laden.
Falls das Pferd dabei schon das Senken des Kopfes anbietet – sofort nachgeben, das ist unser Ziel!

Das Gebiss wird in die Maulwinkel »gespielt«.

Der Druck wird langsam auf- und wieder abgebaut.

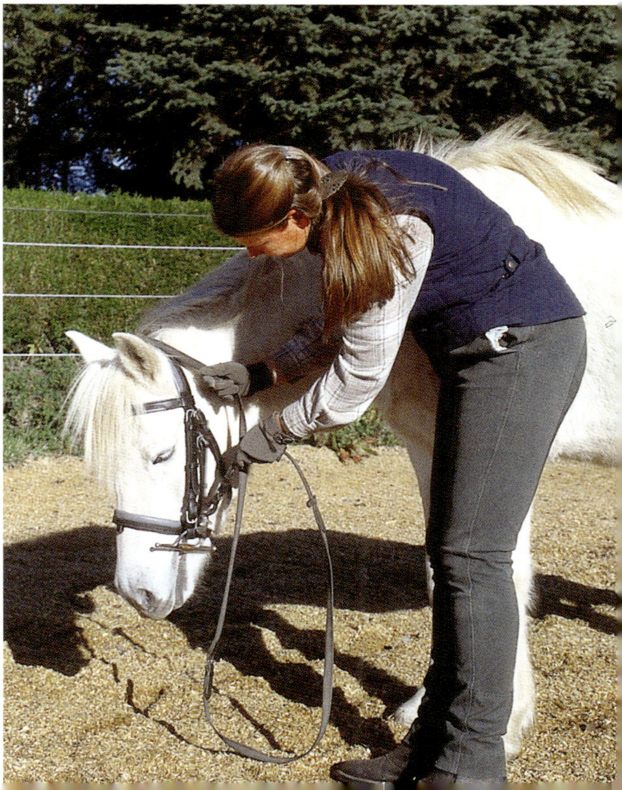

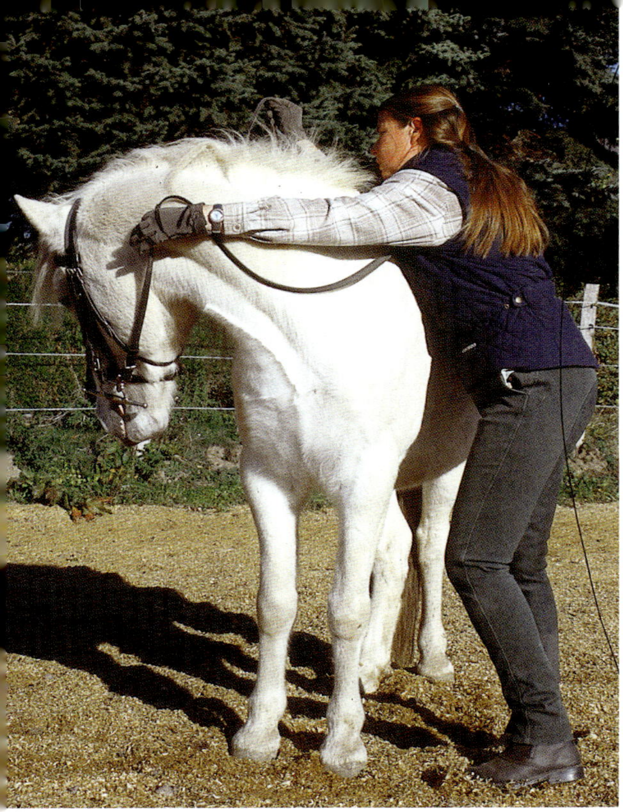

So wird der Hals seitlich gedehnt.

Diese Position darf nicht mit Gewalt erreicht und nicht zu lange gehalten werden.

Eine weitere Variante dieser Übung sieht folgendermaßen aus: Der rechte Zügel wird über das Genick geführt und liegt in der rechten Hand des Reiters. Die linke Hand greift kurz oberhalb des linken Trensenringes den linken Zügel. Jetzt werden beide Hände an der Seite des Pferdekopfes aufeinander zugeführt. Nun folgt ein Nachgeben, sobald das Pferd beginnt, den Unterkiefer zu bewegen und den Kopf zu senken, dann wieder leichtes Annehmen. Es ist immer ein langsamer Druckauf- und Druckabbau.

Um diese Bewegung zu erweitern, kommt nun noch die seitliche Stellung des Halses hinzu. Dies können wir zunächst mit dem Halfter vom Boden aus üben: Wir stehen seitlich am Hals, fassen mit der linken Hand die Nase des Pferdes, halten die rechte an die Mitte des Halses und versuchen vorsichtig, die Nase des Pferdes Richtung Kruppe schauen zu lassen. Dabei darf sich das Pferd nicht zur Seite drehen, daher ist es am Anfang einfacher, diese Übung neben einer Mauer oder einer Einzäunung zu üben. Vorsicht: nicht zu lange halten und keine Gewalt anwenden. Auch hier kann ein Leckerli wieder die Bemühungen unterstützen. Wiederholen Sie diese Übung nicht zu oft hintereinander und denken Sie daran, die Seite zu wechseln. Bei dieser Übung werden Sie feststellen, wie leicht oder schwer dies dem Pferd fällt. Natürlich ist diese seitliche Biegung für ein Pferd mit kürzerem Hals schwieriger als für ein Pferd mit längerem Hals.

Sie werden merken, dass sich das Pferd immer bereitwilliger stellen lässt. Falls sich das Pferd nachhaltig bei diesen Übungen wehrt oder Sie das Gefühl haben, dass es einfach nicht nachgeben kann, Sie z.B. auch die Nase mit der Hand kaum herumbekommen, dann sollten Sie auch hierbei

Entspannung pur!

eine Untersuchung durch einen Osteotherapeuten überlegen. Später können Sie diese Übung auch mit der Trense ausführen.

Nun haben Sie einige Varianten für die Übungen Kopf-Senken und Halsbeweglichkeit verbessern erfahren. Probieren Sie einfach die aus, die Ihnen am meisten zusagt, und nutzen Sie sie als kleine tägliche Übung – ob vom Boden oder vom Sattel aus, ein Pferd über diese Signale aus seiner Fluchthaltung zu holen, eröffnet dem Pferd die Möglichkeit, auch Unbekanntes bewusst kennen zu lernen und nicht nur aus reinem Gehorsam zum Reiter zu reagieren (was natürlich nicht ausschließt, dass das Pferd gehorsam sein soll).

Diese Übungen helfen auch dem ängstlichen Reiter in Furcht einflößenden Situationen weiter, denn nun kann er aktiv die Entspannungshaltung seines Pferdes fordern und damit den gefährlichen Teufelskreis Angst des Pferdes – Nicht-Reagieren auf die Hilfen des Reiters – Angst des Reiters durchbrechen. Die Übung Kopf-Senken soll dem Pferd so in Fleisch und Blut übergehen, dass es automatisch reagiert, ohne darüber nachdenken zu müssen. Im Laufe der Ausbildung wird dies mit immer mehr Hilfen so werden – aber diese Übung soll helfen, Reiter und Pferd in die Lage zu versetzen, trotz vieler aufregender Situationen immer neue Dinge zu erlernen.

Der Grundsitz des Reiters.

Praxis IX: Sicher im Sattel

Wer Angst hat, fühlt sich nicht sicher auf dem Pferd – wer sich sicher fühlt, hat keine Angst. Logisch! Die folgende Frage liegt auf der Hand: Wie erreichen wir dieses Gefühl der Sicherheit?

Sicher fühlen wir uns dann, wenn uns die Grundlagen in Fleisch und Blut übergegangen sind. Sicher fühlen wir uns, wenn wir unsere Konzentration auf vor uns liegende Aufgaben richten können, ohne ständig jeden Körperteil, jede Bewegung bewusst kontrollieren zu müssen. Sicher fühlen wir uns, wenn wir auf dem Pferderücken wirklich »zu Hause« sind, wenn wir unser Gleichgewicht gefunden haben und die Bewegung des Pferdes nachvollziehen können.

Dazu gehört vor allem viel Zeit und viel Übung. Erwarten Sie keine Wunder – ohne Geduld geht es nicht. Dennoch können Sie gezielt daran arbeiten, Ihr »Reitgefühl« zu verbessern. Ganz wichtig: Ehe Sie aufs Pferd steigen, haben Sie sich und das Pferd beim Putzen bereits aktiv entspannt (wie im vorigen Abschnitt beschrieben), Sie haben beim Führen bereits darauf geachtet, klare Verhältnisse zu schaffen, und Sie haben sich in eine positive Grundstimmung versetzt. Je nachdem haben Sie sich zu Hause bereits aktiv entspannt, sei es mit autogenem Training oder einer anderen Entspannungstechnik Ihrer Wahl.

Nun sitzen Sie auf dem Pferd. Beobachten Sie sich selbst: Verspannen Sie sich erneut, ver-

Losgelassenheit an der Longe

Besonders wichtig ist, dass Sie zügelunabhängig sitzen. Die Zügel dienen der Kommunikation mit dem Pferdemaul und sind keine Haltegriffe! Auch für Fortgeschrittene sind Sitzübungen an der Longe immer wieder ein wichtiges und hilfreiches Instrument, um diesen zügelunabhängigen Sitz zu erlangen und zu verbessern – bitten Sie Ihren Reitlehrer darum, Ihnen Longenunterricht zu geben. Außerhalb der Reitstunden können Sie einen Freund oder eine Freundin bitten, Sie zu longieren. Selbst ohne gezielten Unterricht ist das von Vorteil, da Sie an der Longe nicht damit beschäftigt sind, das Pferd zu kontrollieren, und Ihre Hände nicht für die Zügel brauchen. So können Sie sich ganz auf Ihr Gleichgewicht und Ihren Sitz konzentrieren.

Der Entlastungssitz.

Der leichte Sitz.

krampfen Sie Oberkörper und Gesicht? Erinnern Sie sich: Atmen Sie tief in den Bauch ein und atmen Sie ganz tief und ruhig aus. Lächeln Sie! Sprechen Sie mit dem Pferd: Das beruhigt Ross und Reiter. Singen Sie, erzählen Sie etwas, teilen Sie sich mit. Diese Grundregeln gelten für alle folgenden Übungen: immer dann, wenn Ihre Ängste sich verstärken oder erneut zutage treten.

A. Sitz und Einwirkung

Der Sitz des Reiters ist die Grundlage für seine Hilfengebung und Kommunikation mit dem Pferd. Unruhige Hände, hochgezogene Schultern, klopfende oder klammernde Beine – all dies führt nicht nur dazu, dass das Risiko eines Sturzes steigt, es stört auch massiv die Kommunikation und fügt dem Pferd unnötige Schmerzen zu, die ihrerseits Widersetzlichkeiten nach sich ziehen können. Diese Sitzfehler können einerseits durch eine mangelhafte bzw. gänzlich fehlende Ausbildung verursacht werden, andererseits neigen jedoch gerade ängstliche Reiter dazu, mit den Beinen zu klammern und an den Zügeln zu reißen. Diese Blockade müssen wir durchbrechen: Wenn wir loslassen (diesmal im wörtlichen Sinn), gelangen wir tatsächlich zu mehr Sicherheit. Einerseits irritieren und stören wir das Pferd nicht mehr so stark, sodass es gelassener bleiben kann, andererseits können wir unser Gleichgewicht auf dem Pferderücken nur im lockeren, entspannten und weitgehend korrekten Sitz finden. Die Losgelassenheit des Pferdes ist ein wichtiges Thema in allen Reit-

Der »Hampelmann« dient der Lockerung. Hier zeigt die Reiterin allerdings den »Pass«.

Frauke greift mit der Hand an den gegenüberliegenden Fuß.

lehren – die Losgelassenheit des Reiters selten, doch diese ist mindestens so wichtig. Unser Thema ist an dieser Stelle daher nicht so sehr der korrekte Sitz. Dieser muss selbstverständlich unser Ziel sein, denn nur er ermöglicht uns die eindeutige Hilfengebung. Auf den Bildern auf den Seiten 102 und 103 ist er deutlich zu erkennen.
Ehe Sie sich jedoch wirklich korrekt hinsetzen können, müssen Sie zunächst einmal locker sitzen.
In der Praxis bedeutet das:

- Sie sitzen aufrecht, Ihre Schultern sind gesenkt. Die Ellbogen bleiben am Körper, die Linie Pferdemaul-Zügel-Hände-Ellbogen ist ungebrochen, sowohl seitlich als auch von oben betrachtet.
- Mit dem Gesäß sind Sie fest und schwer (aber nicht verkrampft) im Sattel.
- Die Beine liegen locker, lang und schwer. Der Absatz federt am Steigbügel nach unten.

Gleichgewicht durch Bewegung

Beim Warmreiten des Pferdes nutzen Sie die Zeit, um sich weiter zu lockern. Wenn das

Vertrauen Sie sich einem Führer an.

Pferd brav ist und Sie ihm vertrauen, können Sie in das Zügelende einen Knoten machen, um die Zügel auf diese Weise zu verkürzen. So kann das Pferd nicht in sie hineintreten und Sie haben die Hände frei. Wenn Sie sich unsicher fühlen, bitten Sie jemanden, das Pferd im Stand zu halten oder im Schritt zu führen.

1. Nun können Sie die Arme kreisen lassen und so die Schultern lockern.
2. Sie können mit der rechten Hand an die linke Fußspitze bzw. das linke Knie (für die Ungelenkigen unter uns) greifen und umgekehrt. Auf den sportlichen Wert dieser Übungen kommt es hier nicht so sehr an: Sie steigern damit Ihre Beweglichkeit im Sattel, verhindern verkrampftes Klammern und gewinnen an Zutrauen (s. Seite 104 oben rechts).
3. Drehen Sie Ihren Oberkörper im Sattel, schauen Sie, was hinter Ihnen ist. Die Beine bleiben dabei ruhig liegen, die Schultern bleiben tief, Sie nutzen Ihre Längsachse. Diese Drehung kann Ihnen einerseits bei der Hilfengebung für eine Wendung von Nutzen sein, andererseits erfahren Sie, dass Sie sich frei und uneingeschränkt im Sattel bewegen können.
4. Die folgende Übung können Sie nur auf dem ungesattelten Pferd ausführen: Legen Sie

Bei der Mühle ist Beweglichkeit gefragt.

sich hintenüber, bis Ihr Kopf auf der Kruppe des Pferdes liegt. So können Sie sich auch im Schritt führen lassen. Wenn das Pferd wieder steht, nehmen Sie ein Bein auf die andere Seite – ohne den Oberkörper aufzurichten! – und lassen sich seitlich herunterrutschen, um auf Ihren Füßen zu landen. Sie werden merken: Die Höhe ist kein Problem (Bild Seite 105).

5. Auch die nächste Übung hilft dabei, die »Höhenangst« zu überwinden. Falls Sie nicht gerade ein Riesenross Ihr Eigen nennen, können Sie Folgendes ausprobieren: Stellen Sie sich einfach einmal auf den (ungesattelten) Pferderücken bzw. die Kruppe (bitte nicht mit scharfkantigen Absätzen, mit leichten Turnschuhen oder barfuß ist es angenehmer für das Pferd), während jemand das Pferd festhält, und springen Sie dann hinunter. Diese Höhe sieht von oben schon recht beeindruckend aus, lässt sich jedoch noch gut abfedern – natürlich sollten Sie dabei nicht auf Asphalt oder Beton landen, sondern im weichen Reithallen- oder Reitplatzsand.

6. Einfache Voltigierübungen kann jeder Reiter ausführen. Bei der Mühle beispielsweise dreht sich der Reiter einmal um 360 Grad, indem er jeweils das Bein über das Pferd hebt. Beginnt er mit dem rechten Bein, kommt er zunächst auf der linken Seite in den Seitsitz, dann hebt er das linke Bein über das Pferd und sitzt nun verkehrt herum mit dem Gesicht zum Schweif. Nun ist wieder das rechte Bein dran, der Reiter sitzt nun zur rechten Seite des Pferdes gewandt – einmal noch das linke Bein, und die Ausgangsposition ist wieder erreicht. Auch diese Übung dient dazu, den Reiter zu lockern, verkrampftes Klammern zu verhindern und seine Beweglichkeit zu steigern.

7. Diese Übung vereint mehrere positive Aspekte. Beginnen Sie damit, mit Ihren Händen vom Widerrist aus aufwärts den Mähnenkamm des Pferdes zu kraulen – das entspannt schon einmal das Pferd. Arbeiten Sie sich vor, bis Sie mit Ihrem Oberkörper ganz auf dem

Sicherer Halt im Sattel

Wenn das Pferd einen Satz macht, plötzlich scheut, losgaloppiert oder umdreht, können Sie sich weder durch Klammern mit den Unterschenkeln sicher auf dem Pferderücken halten, noch können Ihnen die Zügel sicheren Halt geben. Die innere Muskulatur des Oberschenkels und ein fester Knieschluss sorgen für einen festen Sitz im Sattel.

Umarmen Sie die ganze Welt!

Hals des Pferdes zu liegen kommen. Nun nehmen Sie die Arme zur Seite – Balance ist gefragt! Die Beine bleiben während der gesamten Übung ruhig an ihrem Platz und gehen nicht etwa nach hinten zu den Flanken – das ist sehr wichtig. Nun richten Sie sich auf, ohne die Arme zu Hilfe zu nehmen. In diesem Aufrichten benutzen Sie automatisch die Muskulatur, auf die es in Krisensituationen ankommt: Sie halten sich mit der inneren Oberschenkelmuskulatur fest.

8. Und nicht zuletzt: Breiten Sie die Arme aus, lächeln Sie und umarmen Sie die ganze Welt! Strecken Sie die Hände zum Himmel und werden Sie ganz groß im Sattel. Wie das Lächeln beeinflusst auch diese Körperhaltung Ihre Selbsteinschätzung und Ihr Selbstbewusstsein. Diese Körperhaltung wird nicht umsonst von unseren Mitmenschen als Ausdruck von Stolz und Freude erkannt – und so wird sich mit Ihrem Körper auch Ihre Seele öffnen, und Sie werden Stolz und Freude empfinden.

Bei all diesen Übungen behalten wir eines stets im Hinterkopf: Reiten macht Spaß. Es geht hier weder um turnerische Höchstleistungen, noch spielt es eine Rolle, wie gelenkig wir sind – und wenn wir wirklich einmal das Gleichgewicht verlieren und hinunterrutschen, so ist das weder sonderlich gefährlich noch peinlich, sondern – lustig (auch das kann viel Spaß machen)!

Die Hilfengebung des Reiters

Wir kennen Gewichts-, Schenkel- und Zügelhilfen. Diese Hilfen wirken stets im Zusammenspiel, niemals einzeln. Zum Glück haben Sie sich bereits einen guten Reitlehrer gesucht, der Ihnen dieses komplexe Zusammenwirken erklären und nahe bringen kann. Grundsätz-

lich gilt: Das Pferd wird von hinten nach vorne geritten. Den treibenden Gewichts- und Schenkelhilfen kommt daher die größte Bedeutung zu. Zügelhilfen dürfen niemals einzeln wirken.
Für den ängstlichen Reiter sind zwei Dinge jedoch von besonderer Bedeutung.

1. Als Reiter können Sie sich so lange recht sicher fühlen, wie das Pferd bei Ihnen ist und auf Sie achtet. Schwierig wird es dann, wenn andere Dinge die Aufmerksamkeit des Pferdes auf sich ziehen, das Pferd Sie nicht mehr wahrnimmt, sich aufregt und verspannt. Wie diese Spannungs- und Fluchthaltung aussieht, haben wir bereits dargestellt: Das Pferd steht oder geht mit hoch erhobenem Kopf, die Ohren sind gespitzt, es guckt in die Richtung, in der es entweder eine vermeintliche Gefahr oder aber etwas unglaublich Interessantes sieht, und jeder Muskel ist angespannt und bereit zum sofortigen Einsatz. Als Reiter können Sie förmlich spüren, wie sich das Pferd unter Ihnen anspannt und zusammenzieht, einem Flitzebogen kurz vor dem Abschluss gleich. Das ist immer ein Alarmsignal.
Gelingt es Ihnen, den Kopf des Pferdes wieder zu senken, haben Sie bereits so gut wie gewonnen. Mit der Entspannungshaltung geht auch eine mentale Entspannung einher – Körper und Seele ziehen am gleichen Strang. Es gibt verschiedene Möglichkeiten, dies zu erreichen, je nach Ausbildungsstand und persönlichen Vorlieben von Pferd und Reiter.
Die erste Möglichkeit: Reiten Sie! Setzen Sie Gewicht und Schenkel ein, um das Pferd von hinten wieder ans Gebiss heranzureiten. Wenden Sie ab, fordern Sie Schenkelweichen oder Seitengänge, sodass das Pferd gezwungen ist, Ihnen zuzuhören und auf Sie zu reagieren. Schenkelweichen fordert den Schenkelgehorsam und die seitliche Stellung von Hals und Kopf – das kann vom Pferd nicht ausgeführt werden, wenn es woanders hinschaut und Sie ignoriert. Mit einem ausgebildeten Pferd ist dies eine ausgezeichnete Möglichkeit, sich die Aufmerksamkeit zu sichern. Auf diese Weise können Sie auch an vermeintlichen Gefahren vorbeireiten. Achtung: Befindet sich die Gefahrenstelle rechts von Ihnen, dürfen Sie nicht am rechten Zügel ziehen – das Pferd schaut auf die Gefahr und weicht mit dem Körper aus. Stellen Sie es stattdessen nach links und lassen Sie es einige Schritte seitlich übertreten. Der linke Schenkel verhindert ein Ausbrechen weg von der Gefahr, der Kopf ist auf der ungefährlichen Seite.
Schon im Stand genügt es oft, den Beinschluss zu verstärken, um das Pferd zu einer Reaktion zu veranlassen – das ausgebildete Pferd wird den Kopf senken und die Aufmerksamkeit wieder dem Reiter zuwenden.
Die zweite Möglichkeit haben wir bereits vom Boden aus erläutert. Die hohe Handhaltung »spielt« das Gebiss in die Maulwinkel ohne Druck auf die Laden. Das Pferd hat am Boden bereits gelernt, daraufhin den Kopf zu senken, und wird nach etwas

Kompetenz schaffen

Eine fundierte Ausbildung von Pferd und Reiter ist absolut unersetzlich und kann langfristig durch keinerlei Tricks ausgeglichen werden. Ein gut gerittenes Pferd, welches an den Hilfen steht und auf den Reiter achtet, bedarf keiner Kraftanstrengung und keiner Tricks, um kontrolliert zu werden. Erste Maßnahme muss immer die Verbesserung der Hilfengebung des Reiters und der Durchlässigkeit des Pferdes sein!

Übung auch vom Sattel aus entsprechend reagieren. Klingt unspektakulär, ist aber immens hilfreich!
Generell gilt: Wenn Ihr Pferd gelernt hat, auf ein bestimmtes Signal den Kopf zu senken, ist das immer von Vorteil. Die Art dieses Signals ist dabei nicht so wichtig. Hauptsache, es ist jederzeit durchführbar und wird zuverlässig befolgt – nicht nur dann, wenn das Pferd konzentriert und aufmerksam ist, sondern auch in einer aufregenden, unbekannten Situation.

Ein Galopp im Gelände macht nur Freude, wenn er kontrolliert erfolgt.

2. Es ist sehr wichtig, das Pferd in seinem Tempo kontrollieren und auf Wunsch jederzeit anhalten zu können. Gelingt dies nicht auf Anhieb, verstärken sich die vorhandenen Ängste mit dem zunehmenden Kontrollverlust. Jetzt ist die Versuchung groß, sich allein auf die Zügelhilfen zu konzentrieren – denn diese bremsen das Pferd schließlich, könnte man meinen. Das ist jedoch ein Trugschluss! Zügelhilfen ohne ein Zusammenwirken mit Gewicht und Schenkel können kaum noch als »Hilfen« bezeichnet werden; hier muss man ehrlicherweise von einem reinen Zerren und Reißen am Pferdemaul sprechen. Nur sehr gutmütige und geduldige Pferde werden darauf wunschgemäß reagieren. Die normale Reaktion des Pferdes sieht anders aus: Durch das Ziehen wird ein starker Schmerz ausgelöst, der häufig zu Abwehrreaktionen führt – das Pferd reagiert mit Gegendruck, reißt den Kopf hoch, drückt einen Unterhals heraus und verweigert sich den als so unangenehm empfundenen Versuchen des Reiters, Zwang auszuüben. So kann ein Pferd sogar im Schritt oder Trab bereits durchgehen, das heißt, es ist nicht mehr möglich, kontrolliert durchzuparieren.
Die Lösung in einem solchen Fall besteht darin, das Pferd so zu arbeiten, dass es durchlässig an den Hilfen steht, sodass es mit Gewicht, Schenkel und Zügel geritten und kontrolliert wird. Je nach Einzelfall kann dies durchaus ein langwieriges Programm sein. Dennoch führt kein Weg daran vorbei!

In einer aktuellen Krisensituation ist es zunächst jedoch wichtig, dass der Reiter sich auf kein solch ungleiches Kräftemessen einlässt. Das Zauberwort lautet: Nachgeben! Erst durch das Nachgeben des Zügels wird es dem Pferd ermöglicht, das nächste Signal wahrzunehmen, zu verstehen und entsprechend zu reagieren. Es wird kein Dauerschmerz verur-

Sicherheit geht vor

Damit wir diesen Weg angstfrei und entspannt gehen können, müssen wir bestimmte Voraussetzungen schaffen. Erstens: Auf die Ausrüstung unseres Pferdes können wir nach und nach verzichten, auf unsere eigene aber nicht! Selbstverständlich reiten wir mit Kappe, je nachdem auch mit Sicherheitsweste. Zweitens: Wie brav das Pferd auch sein mag – wir verlassen auf keinen Fall umzäuntes Gelände! Es kann nicht ausgeschlossen werden, dass wir kurzfristig die Kontrolle über das Pferd verlieren, und sei es auch nur ein Streit über die Richtung, die wir einschlagen wollen, im Schritt. Ohne Umzäunung wäre das ein absolut unverantwortliches und unkalkulierbares Risiko. Wer nur einen sehr großen umzäunten Platz hat, sollte ihn sich mit Steckpfählen und Breitband verkleinern – das Pferd hat dann immer wieder die nächste Begrenzung vor Augen und wird nicht so schnell zu höherem Tempo verleitet.

sacht, der beim Pferd durchaus zu Fluchtreaktionen führen kann, sondern es wird kommuniziert. Dennoch ist es mit feinen Hilfen je nachdem noch nicht möglich, das Pferd zu kontrollieren. In einem solchen Härtefall nehmen Sie einen Zügel relativ kurz und setzen eine Hand auf dem Mähnenkamm auf, sodass sie dort fixiert wird und das Pferd Ihnen diesen Zügel nicht einfach wieder aus der Hand ziehen kann. Mit der anderen Hand nehmen Sie den Zügel nun deutlich an und geben nach einer Sekunde wieder nach. Dies wiederholen Sie so lange, bis das Pferd eine Reaktion zeigt, die durch sofortiges Nachgeben beider Hände belohnt wird.
Wenn der Reiter eine sehr unruhige und hohe Hand hat, wird die Anlehnung massiv gestört, und selbst am langen Zügel noch empfindet das Pferd die Zügelhilfen als sehr unangenehm. Ein solcher Reiter kann das Problem am besten durch die erwähnten Sitzübungen an der Longe angehen; auch das Reiten mit Halsring, zu dem wir später noch kommen, kann hier viel Positives bewirken. Eine kurzfristige Lösung kann darin bestehen, die Hände auf dem Mähnenkamm bzw. seitlich des Mähnenkamms aufzustützen. Eine wirklich sensible und einfühlsame Zügelführung wird dadurch zwar nicht ermöglicht, doch es kommt Ruhe in die ganze Angelegenheit, dem Pferd wird nicht mehr unkontrolliert im Maul gerissen, es kann entsprechend ebenfalls zu einer ruhigen Kopfhaltung gelangen, und die allgemeine Lage entspannt sich wieder.

Noch eine Möglichkeit bietet sich an, um ein sicheres Anhalten-Können des Pferdes zu gewährleisten. Hier verlassen wir die konventionelle Hilfengebung und begeben uns in den Bereich der Zirkusdressur: Bringen Sie Ihrem Pferd mit Zeit, Ruhe und Geduld in sicherer Umgebung bei, auf ein bestimmtes Signal von Ihnen anzuhalten, und belohnen Sie dies zuverlässig mit einem Leckerli, um die Motivation groß zu erhalten. Zum Beispiel können Sie an die Schulter klopfen oder an den Hals tippen – das Signal muss natürlich auch vom Sattel aus auszuführen sein. Die Futtergier ist ein starker Motivator und wirkt bei den meisten Pferden äußerst zuverlässig. Ehe Sie sich nun jedoch in unbekannte Gefilde begeben: Leckerli-Beutel nicht vergessen!

Fühlen Sie den Pferderücken.

B. Ohne Sattel, ohne Trense

Wenn wir uns unsicher fühlen, suchen wir verzweifelt nach festem Halt. Je verkrampfter wir jedoch diesen Halt suchen, je mehr wir uns festklammern und -halten, desto mehr verlieren wir unser Gleichgewicht und desto größer wird das Risiko eines Sturzes.

Lockeres Gleichgewicht ist unser Ziel – zusammen mit einer fein abgestimmten Hilfengebung und Kommunikation. Beides lässt sich hervorragend überprüfen, erarbeiten und verfestigen, wenn wir einmal auf unsere gewohnten Hilfsmittel verzichten: Es geht auch ohne Sattel und Trense! Reiten »ohne alles« ist unser langfristiges Ziel. Ein sehr hoch gestecktes Ziel – nicht jeder wird und nicht jeder muss es erreichen. Doch jeder Schritt auf dem Weg dorthin verbessert unser Gefühl für das Pferd, unser Vertrauen und unsere Kommunikation mit dem Pferd.

Blindes Vertrauen

Frauke, unser Foto-Modell, hat sich von uns die Augen verbinden lassen. Auf diese Weise spürt sie die Bewegungen des Pferdes intensiver und ist darauf angewiesen, ihren Körper nur aufgrund dieses Gefühls im Gleichgewicht zu halten und ihren Schwerpunkt mit dem Pferd in Einklang zu bringen. Probieren Sie es einmal aus! Die Intensität der Erfahrung wird deutlich gesteigert, Sie lernen sowohl Ihre eigenen als auch die Bewegungen des Pferdes besser kennen und verbessern Ihr Gleichgewichtsgefühl. Wendungen treffen Sie nun unvorbereitet, Sie können sie nicht kommen sehen; dadurch lernen Sie, auch in überraschenden Situationen Ihr Gleichgewicht zu halten, und gewinnen Zutrauen zu sich selbst.

Sie sind noch nie ohne Sattel, geschweige denn ohne Trense geritten? Umso besser: Freuen Sie sich darauf! Sie sind schon ohne Sattel geritten, haben sich aber unsicher gefühlt? Kein Problem – gehen Sie es langsam an, genießen Sie einfach die Nähe zum Pferd und fühlen Sie seine Bewegung. Reiten ohne Sattel bietet einen sehr direkten Kontakt zum Pferd. Wir können die Bewegungen des Pferderückens unmittelbar spüren, unsere Gewichtshilfen wirken direkter, wir fühlen die Wärme des Pferdeleibes. Auf je mehr Hilfsmittel wir verzichten, umso unmittelbarer wird unsere Kommunikation mit dem Pferd – nun wird es sich zeigen, ob wir wirklich kommuniziert oder lediglich Zwang über die Zäumung ausgeübt haben. Doch eins nach dem anderen: Wir gehen auch diese Übung langsam, Schritt für Schritt an.

Step by step

1. Reiten ohne Sattel

Der sportliche Reiter mit einem Pferd in handlicher Größe sollte durchaus dazu imstande sein, ohne fremde Hilfe auf sein Pferd zu springen – für den Anfang ist das jedoch nicht nötig. Wenn Sie noch nicht ohne Sattel geritten sind, bitten Sie auf jeden Fall einen Freund oder eine Freundin, dabei zu bleiben, um gegebenenfalls Hilfestellung zu leisten. Diese Person kann Ihnen nun auch direkt auf das Pferd helfen, falls Sie keine Aufstiegshilfe in Form eines kleinen Treppchens oder Ähnlichem zur Verfügung haben. Benutzen Sie für den Anfang noch Ihre gewohnte Zäumung.
Lassen Sie das Pferd im Schritt gehen. Beginnen Sie damit, ruhig zu sitzen und den Pferderücken zu fühlen. Achten Sie darauf, wie Sie Ihr Gewicht verteilen; besonders in den Wendungen merken Sie jetzt sofort,

Ziehen Sie das Halfter zunächst über die Trense.

falls Sie nach außen rutschen oder gegen die Bewegung sitzen. Reiten Sie Schlangenlinien, Zirkel und Volten, um zu erfahren, wie Ihr Pferd auf Ihre Gewichtshilfen reagiert. Wenn Sie antraben, tun Sie dies in einem ruhigen Tempo – Hauptsache, Sie können bequem aussitzen! Denken Sie daran: Nicht nur für Ihr Gesäß, auch für die Rückenmuskeln Ihres Pferdes fehlt nun das dämpfende Sattelpolster – wenn Sie also in den Pferderücken plumpsen, dann ist das für beide Beteiligten sehr unangenehm. Traben Sie daher für den Anfang nur ein paar Tritte und fühlen Sie sich in die Bewegung ein, bis Sie dazu imstande sind, den Trab auch ohne Sattel weich auszusitzen. Lassen Sie allen Leistungsdruck hinter sich! Das hier soll Spaß machen.
Achten Sie besonders darauf, nicht mit den Beinen zu klammern. Wenn Sie ohne Sattel und Steigbügel reiten, sollten die Beine prinzipiell locker an den Seiten herunterhängen und nur gezielt zur Hilfengebung ans Pferd genommen werden – Sie sitzen mit dem Gesäß auf dem Pferderücken und halten sich nicht mit den Beinen fest, sondern finden Ihr Gleichgewicht. Wenn Ihr Pferd sehr empfindlich im Rücken ist und abwehrend reagiert, sollten Sie auf das Reiten ohne Sattel zunächst verzichten. Damit ist es jedoch noch nicht getan: Gehen Sie der Sache auf den Grund, überprüfen Sie die Passform des Sattels und lassen Sie den Rücken durch einen Tierarzt untersuchen.

2. Reiten mit Halfter

Ehe wir mit gänzlich »nacktem Pferdekopf« reiten, verzichten wir zunächst einmal auf das Gebiss und reiten das Pferd am Halfter. Es empfiehlt sich, jeden neuen Schritt einzeln zu gehen: Wir reiten also wie gewohnt mit Sattel. Um diese Umstellung möglichst sicher für uns zu gestalten, können wir zu Beginn das Halfter über die Trense ziehen. Wenn Sie die Trensenzügel mit durch den Nasenriemen des Halfters fädeln, wird die Zügelführung der Trense dadurch nicht beeinträchtigt. Das Halfter muss gut passen, das heißt, es darf nicht so weit sein, dass es über das Auge rutschen kann. Keinesfalls verwenden wir ein Halfter, das sich bei Zug zusammenzieht!
Am Halfter können Sie nun in die seitlichen Ringe des Nasenriemens Zügel einschnallen oder auch ganz simpel Stricke einhaken. Wenn Sie auf dem Pferd sitzen, haben Sie dementsprechend zwei Zügelpaare vor sich. In die Trensenzügel machen Sie einen Knoten, sodass sie sicher auf dem Hals liegen bleiben. Das verhindert, dass das Pferd in die Zügel

Nach und nach wird das Pferd auf Neck-reining umgestellt, sodass Sie nun mit nur einem Strick reiten.

hineintreten kann. Dennoch sind sie für Sie aber noch erreichbar. Auf diese Weise können Sie das Pferd am Halfter reiten, haben jedoch die Trensenzügel für Notfälle griffbereit. Die meisten Pferde reagieren recht gut auf das Halfter; die Zügelführung ist hier dieselbe wie bei der Trense.

Etwas komplizierter wird es, wenn wir die beidseitigen Zügel entfernen und statt dessen nur den Halfterstrick wie gewohnt mittig einhaken. Wir können nun entscheiden, ob wir den Strick auf der linken oder rechten Halsseite führen möchten; in diese Richtung können wir dann lenken, indem wir seitlich am Strick zupfen. Eine Wendung in die andere Richtung hingegen erfordert nun neben den entsprechenden Gewichtshilfen etwas Neues: Der Strick wird an den Hals angelegt und das Pferd gleichsam in die gewünschte Richtung geschoben. Die Westernreiter kennen dies als Neck-reining. Es braucht etwas Übung, bis das Pferd auch auf diese ungewohnte Hilfe gut reagiert; wird dies jedoch durch die richtigen Gewichtshilfen unterstützt, begreifen die meisten recht schnell, worum es geht. Geübt wird natürlich auf beiden Halsseiten. Das Reiten am Halfter ist für das Pferd mit weniger Zwang verbunden. Der Druck auf den Nasenrücken ist deutlich milder als ein Zug am Gebiss.

**Zum Einführen des Halsrings arbeiten Sie mit der Trense.
Zum Durchparieren legen Sie den Halsring vorne-oben an.**

Wenn Ihr Pferd gewohnt ist, mit Gewicht und Schenkel geritten zu werden, sollten Sie den Unterschied kaum bemerken – sind Sie bisher jedoch überwiegend mit der Hand geritten, steht Ihnen jetzt eine große Umstellung bevor.

3. Reiten mit Halsring

Das Reiten mit Halsring ist ein weiterer Schritt auf unserem Weg zu mehr Vertrauen und Sicherheit. Auch den Halsring führen wir ein, indem wir zunächst entweder mit Trense oder mit Halfter reiten, wie gewohnt, während der Halsring zunächst nur passiv um den Hals des Pferdes liegend mitgeführt wird. Für die ersten Versuche können wir die Zügel wieder verknoten, sodass wir sie dennoch schnell griffbereit haben. Der Halsring wird nun analog zum oben beschriebenen Neck-reining eingesetzt: In der Wendung nach links wird er an der rechten Halsseite angelegt, in der Wendung nach rechts an der linken.
Je weniger seitliche Einwirkungsmöglichkeiten Sie am Pferdekopf haben, desto wichtiger wird der bewusste Einsatz der Gewichtshilfen. Am Halfter sieht das noch ganz gut aus; jetzt mit dem Halsring sind die Möglichkeiten schon deutlich reduziert.

Wenn alles gut klappt, können Sie die Trensenzäumung weglassen.

Freudige Spannung

Es ist ein aufregender Moment, wenn die letzte äußerliche Verbindung zum Pferd fällt. Denken Sie daran: Atmen Sie tief und bewusst aus! Lachen Sie, erzählen Sie etwas – denn natürlich ist ein Freund oder eine Freundin bei Ihnen, um im Notfall helfend eingreifen zu können! Betrachten Sie das Ganze als eine spielerische Herausforderung. Klammern Sie nicht mit den Beinen – das kann unerwünschte Reaktionen des Pferdes nach sich ziehen. Zur Sicherung können Sie vorsichtig in die Mähne greifen; allerdings sollte das Pferd sich dadurch nicht gestört fühlen.

Das Pferd hat normalerweise das Bestreben, unter das Reitergewicht zu treten: Es wird Ihrem Gewicht gleichsam folgen. Wenn Sie Ihr Gewicht deutlich nach links verlagern, folgt daraus eine Wendung nach links.

Ein ausgebildetes Pferd, das auf Gewicht und Schenkel reagiert, lässt sich auch mit diesen Hilfen anhalten – da braucht es keine große Zügeleinwirkung. Falls Ihr Pferd sich jedoch noch nicht auf diese Weise kontrollieren lässt, legen Sie für das Durchparieren den Halsring weit nach vorne-oben an die Kehle des Pferdes an.

Ganz wichtig ist jetzt die Stimme des Reiters! Vom Boden aus hat das Pferd bestimmte Kommandos erlernt, von der Longenarbeit kennt es die Gangarten und auch

»Ohne alles« entdecken manche Pferde die Freiheit. Achten Sie darauf, sich einen überschaubaren, kleinen Platz für den Anfang abzuzäunen. Entspannen Sie sich, atmen Sie bewusst. Lächeln Sie!

das Kommando zum Halten. Also: Reden Sie mit Ihrem Pferd! Das wird Ihnen helfen, mit der ungewohnten Situation umzugehen, und es erleichtert die Kommunikation mit ihm ganz ungemein.
Und denken Sie daran: Es muss nicht alles auf Anhieb und am ersten Tag klappen – lassen Sie sich und Ihrem Pferd ausreichend Zeit.

4. Reiten ohne alles

Nur eins bleibt nun noch zu tun: Entfernen wir den Halsring! Ein kleiner Schritt, könnte man meinen – aber doch ein entscheidender. Nicht nur der Reiter fühlt sich zunächst etwas verloren ohne jedes Hilfsmittel, viele Pferde entdecken nun auch ihre Freiheit: Mit Halsring noch völlig brav und friedlich, finden sie jetzt, da sie gar nichts mehr tragen, den Reiter doch eher überflüssig.
Ehe wir den Halsring entfernen, können wir es uns daher ruhig ein bisschen einfacher machen. Das geht ganz leicht: Sind Sie bisher auf einem 20 x 40 Meter oder gar 20 x

Ohne alles geht es in den abgesteckten Slalom-Kurs. Die Wendungen werden überwiegend durch Gewichtshilfen eingeleitet.

Das Antraben erfolgt bewusst ruhig.

60 Meter Platz bzw. in einer Reithalle geritten, so trennen Sie sich nun einen kleinen Bereich ab. Indem Sie das zur Verfügung stehende Areal abstecken, dämpfen Sie die Lauflust Ihres Pferdes, und auf kleinem Raum ist es auch nicht so wichtig, ob Sie sich auf Anhieb über die Richtung einigen können. Mit Wanderzaunstäben und etwas Litze ist schnell ein annehmbarer Zirkel abgetrennt. Achten Sie darauf, in welcher Verfassung sich Ihr Pferd befindet: Sie tun nur dann den nächsten Schritt, wenn das Pferd völlig ruhig, entspannt und auch im Geiste bei Ihnen ist. Für die ersten Versuche kann es hilfreich sein, wenn das Pferd weiterhin ein Halfter trägt, auch wenn kein Führstrick darin eingehakt ist – so bleibt für das Pferd die gedankliche Verbindung »Halfter = Arbeit« noch bestehen.

Wendungen leiten Sie wie gehabt mit Gewichtshilfen ein; zu Beginn können Sie mit Ihren Händen das Neck-reining simulieren. Beim Durchparieren und Anhalten wird nun die Stimme ganz besonders wichtig, ist dies doch die einfachste Möglichkeit, ein eindeutiges Kommando zu vermitteln, jetzt, da Sie keine vordere Begrenzung des Pferdes mehr in Händen halten.

Sobald Sie sich wirklich unwohl fühlen, steigen Sie ab. Macht nichts! Es ist toll, wenn Sie es überhaupt versucht haben!

Wenn es Ihnen langfristig jedoch gelingt, Ihr Pferd am Halfter, mit Halsring oder sogar ganz ohne Hilfsmittel zu reiten, dann

Unbeirrt und selbstbewusst

Lassen Sie sich durch Nase-Rümpfen und Augenbrauen-Hochziehen Ihrer ernsthafteren Reitkameraden nicht irritieren. Auch wenn manche zunächst befremdet reagieren – wer einen Versuch wagt, wird schnell entdecken, dass solch spielerische Übungen nicht nur den Kindern vorbehalten sein sollten.

können Sie mit Recht sehr stolz auf sich sein. Gelingen kann dies nur, wenn Sie im Laufe der Übungen ein entsprechendes Vertrauen aufgebaut haben, sicher im Gleichgewicht sitzen und eine bewusste und zielgerichtete Einwirkung ausüben können.

Solche Übungen machen nicht nur Kindern Spaß!

C. Spielerisch geht's voran

Reitsport wird oft mit großem Ernst betrieben – und das in gewisser Weise auch zu Recht, ist es doch ein sehr komplexes Können, das hier verlangt wird. Darüber hinaus hängt ferner noch das Wohl des Pferdes von unserer Einwirkung ab. Dennoch: Ein Lachen hat noch niemandem geschadet, und ein bisschen »Quatsch« hat noch kein Pferd verdorben. Im Gegenteil: Auch die Pferde scheinen diese Abwechslung oft direkt zu genießen.

Gerade für den unsicheren Reiter ist es sehr hilfreich, ein konkretes Ziel zu haben und das Reiten nicht nur als Selbstzweck zu betreiben. Durch die Aufgabenstellung wird das »Wie« erst einmal zur Nebensache, wichtiger ist es, dieses Ziel überhaupt in irgendeiner Weise zu erreichen – und so findet sich hier oft ganz nebenbei schneller als sonst ein Weg, mit dem Pferd gemeinsam voranzukommen. In den USA gibt es für Reitanfänger die Möglichkeit, auf einer Ranch den ersten Kontakt zum Pferd zu bekommen und kurz darauf mit auf einen Rindertrieb zu gehen. Auf den ersten Blick scheint das sehr anspruchsvoll und schwierig, doch hat sich gezeigt, dass die meisten werdenden Reiter damit sehr gut zurechtkommen. Eine Rinderherde er-

Was für Kinder gut ist ...

Wenn wir Spaß haben, fällt es uns sehr viel leichter, unsere Ängste einmal in ein Nebenzimmer unseres Kopfes zu verschieben und den Moment zu genießen. Doch Spiel und Spaß haben noch mehr positive Aspekte zu bieten. Unter anderem können spielerische Anforderungen gestellt werden, z.B. in Form von verschiedenen Reiterspielen. Nicht zuletzt verschiebt sich dabei die Aufmerksamkeit des Reiters weg von den eigenen Ängsten hin zu der gestellten Aufgabe – nicht ich selbst stehe im Mittelpunkt, sondern das, was getan werden muss.

Mit dem Besen wird der Ball durch die Bahn getrieben – Gleichgewicht und zügelunabhängiger Sitz sind gefragt.

Spielerische Sitzübung

Der Spaß steht bei solchen Spielen zwangsläufig im Vordergrund. Doch ganz nebenbei tun Sie auch etwas für Ihren Sitz und Ihre Hilfengebung. Wenn Sie die Hände z.B. zum Balancieren benötigen, müssen Sie – ob Sie wollen oder nicht! – zügelunabhängig sitzen. Da gibt es kein Festhalten am Zügel mehr, da müssen Sie loslassen. Ein Slalom-Parcours verlangt viele, möglichst eng gerittene Wendungen: Das funktioniert nur dann, wenn Sie Ihr Gewicht entsprechend verlagern und das Pferd nicht etwa durch einen unausbalancierten Sitz in der Bewegung stören. Da es sich um ein Rennen handelt, wird das Pferd schon im Schritt zu einer fleißigen Gangart angehalten – das kommt beim Reiten sonst oft zu kurz. Ein fester Knieschluss hilft Ihnen dabei, aus der Bewegung heraus Gegenstände aufzunehmen oder zielgenau zu werfen.

Pferd und Reiter werden mit ungewöhnlichen Fährnissen konfrontiert: Luftballons und Tonnen verlieren nach und nach ihren Schrecken.

fordert die volle Aufmerksamkeit, nur gemeinsam mit dem Pferd kann erfolgreich gearbeitet werden. Nach wenigen Tagen haben sich die Reiter-Pferde-Teams eingespielt. Sicher kann man hier noch nicht von gutem Reiten sprechen, doch der Einstieg ist erfolgreich und unkompliziert gelungen.
In Deutschland ist so ein Einstieg nicht möglich – uns fehlt die Weite der Prärie. Reiterspiele bieten jedoch tatsächlich einen ähnlichen Effekt, wenn wir uns mit ganzem Herzen darauf einlassen. Also: Entdecken Sie das Kind in sich! Motivieren Sie ein paar Reitkollegen, die sich nicht zu schade dafür sind, Spaß mit ihren Pferden zu haben. Bilden Sie zwei Teams (denn ohne Konkurrenz werden Sie den nötigen Ehrgeiz, den Sie bei allem Spaß natürlich brauchen, kaum entwickeln) – und schon kann's losgehen!
Die Möglichkeiten der Gestaltung sind schier unendlich, Ihrer Fantasie sind keine Grenzen gesetzt. Alles, was Sie an Hilfsmitteln und Ausrüstung benötigen, findet sich in Stall und Haushalt.
Als Basis für weitere Spielarten bietet sich ein Slalom-Parcours an. Diesen können Sie mit Hilfe von Wanderzaunstäben, Hindernisständern, Kegeln, Eimern oder allem anderen, was Ihnen für diesen Zweck in die Hände fällt und keine Verletzungsgefahr für Pferd und Reiter bedeutet, leicht errichten.
Am einfachsten lässt sich ein Staffelrennen realisieren: Beide Teams starten zeitgleich. Die Gangart wird vorher festgelegt – man kann auch mit einem Schrittrennen beginnen. Geritten wird im Slalom um die Stangen, an der letzten Stange wird gewendet. Der zweite Reiter eines Teams darf erst starten, wenn der erste Reiter die Startlinie erneut überquert hat.
Ein Eierlauf erhöht Spannung und Anspruch direkt um ein Vielfaches – Kartoffeln tun's natürlich auch. Oder balancieren Sie doch während des Rennens einen Softball auf einem Tennisschläger! Wie gesagt – Ihrer Fantasie sind keine Grenzen gesetzt: Sie können Bälle

in Eimer werfen, Gegenstände aufnehmen und wieder ablegen, Wäschestücke auf eine Leine hängen und und und.
Komische Pannen sind dabei natürlich vorprogrammiert – also wappnen Sie sich von vorneherein gegen das Gelächter Ihrer Mitreiter. Das trifft so gut wie jeden irgendwann.
Bleibt uns nur zu sagen: Viel Spaß!

D. Freude im Gelände

Ein unbeschwerter Ausritt gehört zu den schönsten Erlebnissen, die wir auf Pferderücken genießen können. Dennoch ruft gerade das Reiten im Gelände oft sehr starke Ängste hervor, und das nicht zu Unrecht. Wenn ein Pferd heftig gegen die Hand geht, scheut, durchgeht, bockt oder steigt, so sind damit im Gelände noch deutlich größere Risiken verbunden als auf einem umzäunten Reitplatz oder in einer Reithalle. Der Boden kann hart sein, auf Asphalt können Pferde ausrutschen, Stacheldrahtzäune lauern neben den Wegen, niedrig hängende Äste werden zu Barrieren, befahrene Straßen mit Autos, LKWs und Motorradfahrern bergen große Gefahren. Um das Risiko zu minimieren, müssen bestimmte Voraussetzungen erfüllt sein. So müssen Reiter und Pferd über eine Grundausbildung verfügen. Alle Gangarten müssen geritten werden können, Tempiwechsel sollten möglich sein, der Reiter muss das Leichttraben und den leichten Sitz beherrschen.

Darüber hinaus gibt es noch mehr zu bedenken:

1. Als ängstlicher Reiter brauchen Sie unbedingt ein gelassenes, gehorsames und rittiges Pferd. Wenn Sie ein eigenes Pferd besitzen, das im Gelände schwierig zu reiten ist, so beschränken Sie sich zunächst auf Spaziergänge, um das Pferd an diese Situation zu gewöhnen.
Bitten Sie einen erfahrenen Reiter, Ihr Pferd im Gelände zu bewegen. Die Lösung kann nicht darin liegen, das Gelände zu meiden! Einerseits brauchen Pferde diese Abwechslung vom »Rundlauf« auf dem Platz und in der Halle, andererseits reagiert ein Pferd um so aufgeregter und heftiger, je seltener es hinaus kommt und mit den Umweltreizen konfrontiert wird. Auf lange Sicht würde das Problem dadurch also keineswegs gelöst, sondern im Gegenteil verschlimmert. Suchen Sie für sich selbst nach einer Möglichkeit, auf einem zuverlässigen Pferd mitzureiten: So können Sie beobachten, wie Ihr eigenes Pferd sich verhält, und damit wieder ein Stück Realität schaffen.
2. Fester Boden unter den Füßen gibt Sicherheit: In Krisensituationen kann es angebracht sein, abzusitzen, ehe das Pferd dem Reiter zu einem unfreiwilligen Abstieg verhilft. Voraussetzung dafür ist jedoch, dass das Pferd gelernt hat, sich vom Boden aus in jeder Situation kontrollieren zu lassen! Sie haben nicht viel gewonnen, wenn Ihr Pferd Sie an der Hand durch die Gegend zieht – letztendlich werden Sie wahrscheinlich loslassen müssen, und ein freilaufendes Pferd ist wahrlich kein Spaß. Gerade mit einer Trensenzäumung besteht die Gefahr, dass das Pferd an der Hand nach hinten zieht und sich auf diese Weise frei macht. Sie können ein Halfter über die Trense ziehen und den Strick sichern, sodass Sie in einem solchen Fall das Pferd am Halfter führen können. Grundsätzlich muss der Gehorsam am Boden jedoch gefestigt und jederzeit abrufbar sein.

Einigen Sie sich mit Ihren Mitreitern über Dauer und Tempo des Ausritts.

3. Reiten Sie nicht alleine! Zu zweit oder in der Gruppe ist man sicherer, da Hilfe direkt vor Ort ist, falls etwas passiert. Seien Sie allerdings wählerisch in der Wahl Ihrer Mitreiter. Als ängstlicher Reiter können Sie erwarten, dass die anderen Rücksicht auf Sie nehmen und Ihnen z.B. die Wahl der Gangart und Geschwindigkeit überlassen. Das setzt einerseits guten Willen voraus, ist andererseits aber auch davon abhängig, dass alle Mitreiter ihre Pferde beherrschen und kontrolliert reiten können. Manche Reiter empfinden temperamentvolle und lauffreudige Pferde als lustig und lassen ihnen schon einmal ihren Willen,

Zielstrebig

Die Zeiten, als Reiten noch Notwendigkeit und kein Vergnügen war und jeder Ritt ein Ziel hatte, sind vorbei – doch können Sie sich selbst Ziele setzen und so einen kleinen Schritt weg vom reinen Selbstzweck hin zu einem darüber hinaus gehenden Sinn machen.

wenn sie lospreschen – solche Mitreiter müssen Sie auf jeden Fall meiden.
Nutzen Sie die Gesellschaft: An schwierigen Stellen reiten Sie hinter Ihrem Begleitpferd her bzw. lassen sich in die Mitte nehmen. Ehe Ihr Pferd alleine zurückbleibt, wird es dem anderen Pferd folgen. Die Gruppe vermittelt Sicherheit.

4. Machen Sie sich einen Plan. Überlegen Sie vorher genau, wo Sie entlangreiten möchten. Gehen Sie die Strecke im Geiste ab: Wo sind Gefahrenstellen? Gibt es vielleicht eine bestimmte Ecke, an der Ihr Pferd immer scheut? Wenn ja: Wie werden Sie reagieren? Überlegen Sie sich bereits vor dem Start, ob Sie an solchen Stellen möglicherweise generell zu Fuß gehen werden. So können Sie rechtzeitig absitzen und unnötigen Stress vermeiden. Wenn Sie reiten möchten, machen Sie sich klar, welche Hilfengebung Sie einsetzen müssen, um Ihr Pferd zu beruhigen und zu kontrollieren. Lassen Sie sich nicht überraschen oder aus dem Konzept bringen. Bei aller Planung sollten Sie allerdings stets im Hinterkopf behalten, dass Pferde niemals hundertprozentig berechenbar sind – ein unerwarteter Satz, ein plötzliches Scheuen ist immer möglich. Denken Sie an einen festen Knieschluss, vermeiden Sie ein Klammern mit den Unterschenkeln und vergessen Sie niemals die nachgebenden Zügelhilfen.

5. Wenn möglich: Setzen Sie sich ein Ziel. Reiten Sie zu einem Freund oder einer Freundin in einem benachbarten Reitstall. Reiten Sie zu freundlichen Menschen mit Hof und Garten, wo Sie einen Kaffee trinken können. Reiten Sie zu einem Waldgasthof mit Anbindemöglichkeit. Oder reiten Sie einfach zu einem besonders schönen Aussichtspunkt, zu einer bestimmten Bank oder einer anderen Markierung. Der Vorteil ist ähnlich wie bei den Reiterspielen: Das »Wie« rückt etwas in den Hintergrund, das Ankommen an sich gewinnt Priorität. Sie zwingen sich durch diese Zielsetzung, Ihren Ängsten ins Gesicht zu sehen: Einfach umdrehen und nach Hause reiten gibt es nicht! Sie schaffen sich ein bewusstes Erfolgserlebnis: Toll, wenn Sie dort angekommen sind, wo Sie hin wollten. Und wenn Sie die ganze Strecke geführt haben – Sie haben es geschafft! Setzen Sie sich hin, machen Sie eine Pause und genießen Sie das Gefühl, ehe es an den Heimweg geht.

Für den Anfänger kann es sinnvoll sein, dass man ihn auf einem Handpferd mit ins Gelände nimmt. Diese zusätzliche Sicherung nimmt den Druck und entlastet den Reiter von der alleinigen Verantwortung.
Das Handpferd sollte als solches ausgebildet sein. Der Reiter des Führpferdes muss dieses souverän beherrschen; beide Pferde sollten weitgehend scheufest sein und sich natürlich gut vertragen. Der Strick des Handpferdes ist idealerweise kurz genug, dass das Pferd nicht darauf treten kann, falls es sich doch einmal losreißt. Das Ganze dient lediglich als zusätzliche Sicherung und darf nicht das selbstständige Reiten ersetzen!

Sguggy wurde zusätzlich als Handpferd gesichert, sodass seine junge Reiterin einen sorgenfreien Ausritt genießen kann. Der Strick ist allerdings etwas zu lang.

E. Geschwindigkeit ist keine Hexerei

Pferde können große Geschwindigkeiten erreichen, und das mit einer sehr plötzlichen und direkten Beschleunigung. Dies löst oft große Ängste aus: Die Geschwindigkeit nimmt einem zunächst beinahe den Atem, der Reiter gerät in eine Art Schockzustand. Ein durchgehendes Pferd ist im ersten Moment außer Kontrolle – all das kann geradezu zu Panik führen. Viele Reiter sind von dieser Angst betroffen, darum widmen wir ihr hier einen eigenen Abschnitt.

Wer in Panik ist, kann nicht mehr klar denken, geschweige denn vernunftgesteuert reagieren. Die erste instinktive Reaktion ist oft ein Reißen an den Zügeln; wie wir bereits gesehen haben, wird dies nur selten von Erfolg gekrönt sein. Der Reiter neigt oft dazu, seinen gan-

Frauke demonstriert es für uns: Unsicherer Sitz, rudernde Hände, schlackernde Bügel – so ist keine Einwirkung möglich, Panik ist vorprogrammiert.

zen Oberkörper mit als »Bremse« einzusetzen, mit dem Resultat, dass er obendrein noch den sicheren Halt im Sattel zu verlieren droht.

Wenn das Pferd durchgeht, weil es sich erschreckt hat, wird es sich normalerweise nach einigen Metern wieder beruhigen und parieren lassen. Geht es jedoch durch, weil es beispielsweise nach Hause will, hat es den Reiter bewusst und absichtlich ignoriert und wird dies auch weiterhin versuchen.

Was also ist zu tun? Der Reiter geht in den leichten Sitz. Mit festem Knieschluss hebt er das Gesäß aus dem Sattel und neigt den Oberkörper nach vorne, damit er nicht hinter der Bewegung des Pferdes bleibt. Falls das Pferd auf die Hilfen zum Durchparieren nicht reagiert, kann der Reiter entweder wie bereits beschrieben nach und nach mit annehmenden und nachgebenden Zügelhilfen die Kommunikation wieder in Gang setzen. Eine andere Möglichkeit besteht je nach den Geländegegebenheiten darin, auf einem Stoppelfeld, einer Heuwiese oder einer anderen ausreichend großen Fläche kleiner werdende Kreise zu reiten, bis das Pferd das Tempo gedrosselt hat und wieder kontrolliert werden kann. Achtung: Diese Kreise dürfen in hohem Tempo nicht zu klein sein! Der Außenzügel muss dabei immer anstehen, keinesfalls darf das Pferd nur am Innenzügel herumgezogen werden, da es sonst schnell das Gleichgewicht verlieren und stürzen kann.

Diese Maßnahmen kann jedoch nur ein Reiter ergreifen, der gelernt hat, auch bei hohem Tempo sicher im Sattel zu bleiben und einen kühlen Kopf zu bewahren. Unser Ziel ist es daher, uns mit der Geschwindigkeit anzufreunden: Das hohe Tempo an sich bedeutet keine Gefahr, so lange wir es jederzeit wieder drosseln und zurücknehmen können. Und nicht nur das: Es ist ein tolles Gefühl, schnell zu reiten! Wer einmal kontrolliert schnell geritten ist, wird dieses Erlebnis in seinem Herzen bewahren als etwas ganz Besonderes.

Wir brauchen ein rittiges Pferd und eine sichere Umgebung, um uns an dieses Gefühl heranzutasten. Ideal geeignet ist natürlich eine Rennbahn. Es muss nicht gleich professionell sein – eine eingezäunte, ovale Strecke mit ausreichendem Durchmesser tut es durchaus.

So schön kann ein flotter Galopp im Gelände sein!

Selbst auf einer Ovalbahn, wie man sie aus der Gangpferdeszene kennt, lässt sich an den langen Seiten schon ein verschärftes Tempo reiten, vorausgesetzt, der Reiter kann sein Pferd vor den Kurven sicher wieder einfangen.
Steht uns keine eingezäunte Bahn zur Verfügung, bleibt uns nur das freie Gelände. Im Herbst kann man oft die Stoppelfelder nutzen, auf denen man dann ebenfalls einen Rundkurs anlegen kann. Bei Reitwegen ist darauf zu achten, dass wir keine Wegkreuzungen einfach überreiten. Hier können Reiter, Fußgänger oder Trecker aus der anderen Richtung kommen. Da wir im Gegensatz zu einer Rundbahn hier ein definiertes Ende der Strecke vor

> **Das richtige Geläuf**
>
> *Ganz wichtig: Kontrollieren Sie den Boden, ehe Sie losgaloppieren! Unebenheiten, Löcher oder tiefe Pfützen können zu Stolperfallen werden und unschöne Stürze verursachen. Auf Stoppelfeldern lauern oft große Steine oder tiefe Löcher, manche Wege werden plötzlich hart und steinig. Verschaffen Sie sich ein genaues Bild von den Bedingungen.*

uns haben, dürfen wir uns auf dieses Abenteuer nur dann einlassen, wenn die »Bremsen« funktionieren. Tasten wir uns langsam an ein höheres Tempo heran.
Trainieren und verbessern Sie Ihren leichten Sitz. Es darf für Sie keine Anstrengung bedeuten, im leichten Sitz zu galoppieren, es muss im Gegenteil völlig selbstverständlich für Sie sein. Beginnen Sie den Galopp nach einer angemessenen Aufwärmphase in ruhigem Tempo. Ihr Pferd wurde vorher bereits gelöst und gymnastiziert, es steht an den Hilfen und arbeitet willig mit. Sie beide fühlen sich zufrieden, entspannt und ruhig. Galoppieren Sie auf beiden Händen mehrfach ruhig an. Auf einer freien Fläche oder Rennbahn überkommt manche Pferde die Lust am Rennen – gehen Sie nicht darauf ein, parieren Sie durch und arbeiten Sie weiter im Schritt und Trab. Erst dann und nur dann, wenn Ihr Pferd ruhig und gelöst unter Ihnen galoppiert, legen Sie einige Meter im Tempo zu. Schon nach wenigen Galoppsprüngen nehmen Sie das Pferd wieder auf – sollte das bereits ein Problem sein, muss unbedingt die Durchlässigkeit verbessert werden, das heißt, es steht noch einige dressurmäßige Arbeit an, ehe Sie es erneut versuchen können. Nach und nach können Sie nun Dauer und Stärke des Zulegens erhöhen – so tasten Sie sich Schritt für Schritt an die Geschwindigkeit heran, bis Sie imstande sind, einen echten Spurt nicht nur zu reiten, sondern auch zu genießen.
Wenn Ihr Pferd nun tatsächlich einmal im Gelände mit Ihnen durchgeht, werden Sie nicht in Panik geraten, sondern können das Tempo einschätzen und entsprechend reagieren. Und damit haben Sie schon halb gewonnen!

F. Fallen – aber sicher!

»Der ist noch kein richtiger Reiter, der nicht schon einmal vom Pferd gefallen ist« – noch so eine alte Reiterweisheit, die durchaus ein Körnchen Wahrheit enthält. Seien wir doch einmal ehrlich: Irgendwann erwischt es eigentlich jeden.
Es ist normalerweise kein Drama, vom Pferd zu fallen. Bei den allermeisten dieser Stürze haben wir Glück im Unglück: ein paar Prellungen, ein blauer Fleck – nichts wirklich Unangenehmes. efährlich wird es meist dann, wenn Reiter und Pferd gemeinsam stürzen. Ein Pferd wiegt schon etwas! Der Reiter kann zwischen die Hufe geraten oder unter dem Pferd eingeklemmt werden. Ebenfalls gefährlich ist es, wenn kein Platz zum Fallen vorhanden ist: Bäume, Zaunpfähle und Ähnliches können Verletzungen verursachen. Es gilt also, je nach Umgebung besondere Vorsicht walten zu lassen.
Meistens fallen wir jedoch relativ weich in den Reithallensand oder auf einen Reitweg. Dennoch kann die Angst vor einem Sturz schnell übersteigerte Formen annehmen; sei es, weil wir bereits schwer gestürzt sind, sei es, weil unsere Fantasie uns das Schlimmste vorgaukelt.

Es hilft Ihnen nicht weiter, wenn Sie einfach das Beste hoffen und krampfhaft versuchen, jeden Sturz zu vermeiden. In der Realität kann ein Sturz niemals gänzlich ausgeschlossen werden. Bereiten Sie sich daher so gut wie möglich vor.
Bei einem Sturz vom Pferd sind drei Dinge besonders wichtig:
1. Sie müssen abrollen, das heißt, Sie rollen Ihren Körper im Fall ein, sodass Sie die Energie des Aufpralls im Rollen abfangen können. Versuchen Sie nicht, sich mit den Händen abzustützen. Je nach Wucht des Falls können Sie sich Hände und Arme böse verletzen.
2. In nicht umzäuntem Gelände ist es prinzipiell durchaus sinnvoll, die Zügel festzuhalten, damit das Pferd nicht in den Verkehr geraten kann. Das erfordert jedoch eine schnelle Entscheidung mit entsprechender Reaktion – Ihre eigene Sicherheit muss immer Vorrang haben. Zu bedenken ist auch, dass Sie nicht zwischen den Pferdebeinen landen sollten.
Es ist wichtig, dass Sie Ihre generelle Beweglichkeit trainieren. Treiben Sie Sport: Machen Sie Judo, gehen Sie turnen, üben Sie Gymnastik. Jede Sportart, die Ihre Beweglichkeit fördert und das Abrollen trainiert, ist hilfreich, sinnvoll und nützlich. Üben Sie Rollen in jeder Form, am besten auf einer weichen Unterlage: vorwärts, rückwärts, mit Schwung, aus dem Handstand, ohne Hände, von einer erhöhten Unterlage aus ...
Beziehen Sie Ihr Pferd in das Training mit ein. Lassen Sie sich auf jede denkbare Weise herunterrutschen, wenn Ihr Pferd geduldig und zuverlässig genug ist: über die Kruppe, seitlich, aus dem Damensitz – was Ihnen gerade einfällt. Erinnern Sie sich an unsere Gymnastikübungen, bei denen wir uns bereits mit der Höhenangst und Beweglichkeit des Reiters beschäftigt haben.
Um sich tatsächlich mit Absicht und bewusst vom Pferd fallen zu lassen, braucht es schon einige Überwindung. Sorgen Sie dafür, dass Sie weich landen und dass Ihr Pferd zuverlässig und ruhig stehen bleibt. Achtung: Viele Pferde erschrecken sich, wenn der Reiter auf diese ungewöhnliche Weise absteigt! Üben Sie dies also bitte nur mit einem zuverlässig ruhigen Pferd, für den Anfang am besten mit einem »Pferdeersatz« – zum Beispiel einem Holzpferd. Denken Sie daran, sich sofort einzurollen, damit Sie den Aufprall gut abfangen können. Am besten landen Sie auf weichen Matratzen, Decken, Kissen und was Sie sonst noch für diese Übung zweckentfremden können – Hauptsache, Sie tun sich nicht weh. Und nun gilt's: Stoßen Sie sich seitlich vom Pferd ab, kugeln Sie sich ein und rollen Sie beim Aufprall ab.
Natürlich üben Sie so etwas nur, wenn Helfer dabei sind, die ein Auge auf Sie und Ihr Pferd haben und Ihnen gegebenenfalls auch Hilfestellung beim Fall geben können. Das geht wie im Turnunterricht – Sie können sich am Anfang durch den Fall »heben« lassen.
Schließlich können Sie noch einen Schritt weiter gehen und sich im Schritt vom Pferd rollen – Achtung, bitte genau auf die vorbereitete Aufprallfläche zielen!

Fallkurs: Ja, bitte!

Am besten ist es, einen speziellen Fallkurs zu besuchen. Hier können Sie unter optimalen Bedingungen mit kompetenter Anleitung das richtige Fallen in allen Varianten erarbeiten und üben. Obendrein sind Sie hier zwangsläufig in der Gesellschaft von Gleichgesinnten, sodass Sie unbeschwert in der Gruppe trainieren können.

Auch diese Übung ist hilfreich, Sie brauchen allerdings ein wirklich zuverlässiges und nicht zu großes Pferd. Frauke lässt sich über Sita hängen und tastet sich am Bein nach unten.

Kurz geht es in den Handstand.

Handstand mit Abrollen – der Kopf wird eingezogen.

Vorbildlich rollt der Körper ab. Die Beine können in dieser Position nicht mit einzogen werden.

Weich gelandet ...

... und glücklich geschafft!

3.4. Erfolg erleben

Erfolgserlebnisse schaffen unglaublich viel Motivation. Erfolge fühlen sich toll an: Stolz auf das Geleistete, glücklich über den Moment, in freudiger Erwartung des nächsten Erfolgs werden wir innerlich direkt ein paar Zentimeter größer.
Doch obwohl wir den Erfolg so positiv empfinden, ignorieren wir oft die kleinen Erfolge im täglichen Leben. Das müssen wir ändern, um von unserem eher kleinen, ängstlichen Ich-Gefühl loszukommen und zu einem großen, glücklichen Erfolgs-Ich zu werden. Bei der Realisierung dieser Umgestaltung unseres Gefühlslebens können uns ein paar Dinge helfen.

1. Schärfen Sie Ihre Wahrnehmung. Nur wenn wir uns unserer Erfolge bewusst werden, können wir sie auch genießen und gebührend würdigen. Erinnern Sie sich an unser Tagebuch: Einerseits dient es dazu, die Punkte herauszuarbeiten, an denen es »hakt«, und so aufzuzeigen, woran Sie noch mit Ihrem Pferd arbeiten müssen – andererseits können Sie dort aber auch Tag für Tag nachlesen, was Ihnen gut gelungen ist, wie Sie neue Übungen bewältigt haben und wann Sie besonders zufrieden mit sich und Ihrem Pferd waren. Nutzen Sie dies für die Bewusstwerdung und machen Sie sich bereits in der aktuellen Situation klar, welchen Erfolg Sie soeben erlebt haben. Halten Sie einen Moment inne und genießen Sie ihn! Lassen Sie stets Ihr Pferd daran teilhaben – es wird Ihre Freude spüren, sich über das Lob freuen und ebenfalls mit neuer Motivation weiterarbeiten.

2. Verändern Sie Ihre Anspruchshaltung. Da ist Ihnen heute das erste wirklich gute Schenkelweichen gelungen – und Sie jammern weiter, weil die Hinterhandwendung noch nicht perfekt klappt? Viele Reiter schrauben ihre Ansprüche mit jedem kleinen Erfolg direkt weiter hoch, sodass sie letztendlich niemals ihre Ziele erreichen und ihren Ansprüchen gerecht werden können. So wird der eigentlich erlebte Erfolg letztendlich in ein Versagen umgemünzt – und schon fühlen wir uns wieder bestätigt in unserer Negativeinstellung: Das klappt sowieso nicht ... Setzen Sie sich realistische Ziele, die kurzfristig erreichbar sind.

3. Vergleichen Sie sich nicht mit anderen: Nicht deren Erfolge sind wichtig für Sie, nur Ihre Eigenleistung zählt. Und wie diese zu bewerten ist, hängt nicht davon ab, wie gut oder schlecht andere Reiter diese Anforderungen bewältigen können. Es gibt immer erfahrenere, bessere, erfolgreichere Reiter; das ist unabhängig von Ihren eigenen reiterlichen Fähigkeiten. Lassen Sie sich nicht in ein Konkurrenzverhalten drängen! Ihre Freundin freut sich über die Platzierung in einer Vielseitigkeit, während Sie gerade den ersten Ausritt mit einem kurzen Galopp-Intervall angstfrei bewältigt haben? Wenn sie eine wahre Freundin ist, wird sie sich mit Ihnen freuen und Ihren Erfolg als das anerkennen, was er ist: eine große Leistung. Dann können Sie gemeinsam feiern – wie schön!

4. Teilen Sie Ihren Erfolg mit. Und sei er noch so klein! In den Stolz auf das Erreichte mischt sich oft ein bisschen Scham, wenn man beispielsweise erzählt, dass man sein Pferd heute »nur« problemlos führen konnte – was sollen die anderen von mir halten, wenn ich schon stolz bin auf solche Kleinigkeiten? Machen Sie sich klar, dass diese Kleinigkeiten wichtig

sind und Sie mit Recht stolz sein können, wenn Ihnen etwas gelungen ist, was bisher problembehaftet war – was es auch sein mag. Erzählen Sie davon, leben Sie Ihre Freude aktiv aus, feiern Sie das Erreichte! Je mehr Sie Ihren Erfolg aus dem stillen Kämmerlein holen und andere daran teilhaben lassen, desto mehr können Sie ihn genießen und dieses Gefühl in sich verankern.

Grundvoraussetzung für all dies ist selbstverständlich, dass Sie tatsächlich Erfolgserlebnisse haben. Von entscheidender Bedeutung ist daher der zweite Punkt: Setzen Sie sich realistische Ziele. Verfolgen Sie eine Politik der kleinen Schritte: Auf diese Weise haben Sie nicht nur schneller Erfolge vorzuweisen, auf diese Weise verfestigen Sie die Grundlagen und vermeiden langfristig Folge-Schwierigkeiten, die aus mangelnder Grundlagenarbeit entstehen. Wenn Sie jedoch tatsächlich trotz kleinster Ziele nicht zum Erfolg gelangen, schämen Sie sich nicht, um Hilfe zu bitten. Auf die große Bedeutung eines guten Reitlehrers haben wir bereits hingewiesen. Auch im Unterricht und gerade im Unterricht können Sie Erfolg erleben: Jedes Lob des Reitlehrers lässt uns strahlen. Und erinnern Sie sich: Ein guter Reitlehrer ist ein Lehrer, der auch deutlich lobt!

Es kann nur einen Sieger geben ... So ein deutlicher Erfolg ist wunderbar, doch hat nicht jeder verloren, der nicht ganz vorne steht.

Natürlich begegnet uns Erfolg auch noch in anderer, deutlich sichtbarer und messbarer Form: Auf Turnieren messen wir unser Können. Eine Prüfung ist eine aufregende und spannende Sache. Ehe Sie sich jedoch dafür entscheiden, an einer Prüfung teilzunehmen, sollten Sie Folgendes bedenken: Es gibt immer nur einen Sieger. Nicht jeder kann gewinnen, und nicht jeder muss gewinnen. Starten Sie nur dann, wenn ein (so genannter) Misserfolg Sie nicht gleich am Boden zerstört zurücklässt. Zudem schaffen Prüfungssituationen ganz neue Ängste; überlegen Sie gut, ob Sie bereit sind, mit dieser Situation umzugehen. Und seien Sie sich darüber im Klaren, dass hinter jeder Teilnahme an einem Turnier harte Arbeit, viel Engagement und lange Übung stehen. Entscheidend für die erfolgreiche Teilnahme an einer Prüfung ist die Vorbereitung – schauen wir uns diese also genauer an.

Praxis X: Prüfungen richtig vorbereiten

Die Teilnahme an einem Turnier muss langfristig geplant werden.
Das beginnt mit der Auswahl der Prüfung: Sie müssen die Anforderungen genau kennen und verstehen. Keine Prüfung darf unterschätzt werden. Auch wenn Sie »nur« an einem kleinen Freizeitreiterturnier teilnehmen möchten, bringen Sie genau in Erfahrung, was Sie erwartet. So können Sie Ihre Vorbereitung entsprechend anpassen und bauen keine Ängste vor dem Unbekannten auf – wer weiß, was Ihre Fantasie Ihnen suggerieren würde, wenn Sie nicht genau wüssten, was auf Sie zukommt?
Sprechen Sie mit Ihrem Reitlehrer über Ihre Pläne. Er kann Ihnen dabei helfen, Ihren Status quo richtig einzuschätzen und die für Sie passende Prüfung auszusuchen. Darüber hinaus wird er Sie bei der Vorbereitung unterstützen und den Unterricht entsprechend gestalten.
Denken Sie daran: Es ist ein Unterschied, ob etwas in heimischer Umgebung gut klappt oder zwischen fremden Pferden, Lautsprechern, bellenden Hunden usw. gezeigt werden muss. Nutzen Sie daher alle Gelegenheiten, Ihr Pferd mit diesen Dingen so weit wie möglich vertraut zu machen: Reiten Sie mit Musik, bitten Sie ein paar Freunde, Publikum zu spielen, reiten Sie viel zwischen fremden Pferden.
Üben Sie die geforderten Lektionen – aber beißen Sie sich nicht daran fest! Kein Pferd bleibt motiviert, wenn es Tag für Tag das gleiche Programm absolvieren soll – bis zur Prüfung klappt dann wahrscheinlich gar nichts mehr, ganz einfach, weil Ihr Pferd in den Streik getreten ist. Reiten Sie aus, entspannen Sie sich und Ihr Pferd, denken Sie daran: Es ist nur eine kleine Prüfung, kein endgültiges Urteil über Sie.
Wenn der Tag der Prüfung näher rückt: Organisieren Sie den Transport. Kontrollieren Sie Auto und Pferdehänger – nichts ist schlimmer, als in der Hektik des Prüfungstages zu entdecken, dass etwas nicht funktioniert. Üben Sie das Verladen, falls Ihr Pferd es nicht gewohnt ist! So etwas will in Ruhe geübt, nicht in Hektik erzwungen werden.
Überprüfen Sie sowohl Ihre eigene Ausrüstung als auch die des Pferdes. Ist alles in einwandfreiem Zustand, sauber und ordentlich?
Am Prüfungstag achten Sie darauf, dass Sie ausreichend Zeitpuffer in Ihre Planung einbauen. Gönnen Sie sich den Luxus, alles ganz in Ruhe angehen zu können – denn Sie haben ja noch viel Zeit ... Dafür lohnt es sich auch, etwas früher aufzustehen! So können Sie Ihr Pferd zunächst ganz in Ruhe mit den fremden Gegebenheiten vertraut machen. Zeigen Sie ihm Abreite- und Prüfungsplatz, gehen Sie vielleicht zunächst etwas spazieren. Beim Abreiten achten Sie darauf, sich bewusst zu entspannen und Ihr Pferd ausführlich zu lockern und zu lösen. Fangen Sie jetzt keinen Streit mehr um bestimmte Lektionen an – was bis jetzt nicht sitzt, werden Sie in ein paar Minuten nicht ändern. Stattdessen: Genießen Sie die Atmosphäre! Es ist immer eine gewisse Spannung im Turniergeschehen – und Sie gehören dazu, ist das nicht toll? Freuen Sie sich, dass Sie Ihr Pferd auch in dieser ungewohnten Umgebung reiten können – sollte das nicht der Fall sein, ärgern Sie sich nicht, sondern nutzen Sie die Gelegenheit, Ihr Pferd an der Hand an das Geschehen zu gewöhnen. Auch ein solcher Tag ist keineswegs ein vergeudeter Tag.

Entspannung nach dem Prüfungsstress – das ist wichtig für Pferd und Reiter.

Ehe Sie einreiten, machen Sie sich noch einmal klar: Sie müssen nicht gewinnen. Schon die Teilnahme an einem Turnier beinhaltet in gewisser Weise einen Sieg. Wenn Sie platziert werden – umso besser, wenn nicht – freuen Sie sich, so viel gemeinsam mit Ihrem Pferd erlebt zu haben!

Schlussbemerkung

Es liegt in Ihrer Hand. Treffen Sie bewusst die Entscheidung, das Zusammensein mit Pferden als das anzunehmen, was es ist: eine Bereicherung. Werden Sie vom passiven Opfer der Umstände zu einem aktiven Gestalter. Wenn Sie sich dafür entscheiden, Ihre Ängste anzunehmen und zu bewältigen, können und werden Sie Hilfestellung erwarten und erfahren – den ersten Schritt müssen Sie jedoch allein tun.

Erwarten Sie keine Wunder! Die Notwendigkeit einer fundierten Ausbildung von Pferd und Reiter lässt sich nicht wegdiskutieren. Alle Tricks dieser Welt, alle äußerlichen Hilfsmittel können den Erwerb von Wissen und praktischer Erfahrung langfristig nicht ersetzen.

Der Umgang mit Pferden birgt Risiken. Die meisten tatsächlich gefährlichen Situationen entstehen jedoch aus mangelndem Verständnis für das Pferd und mangelnden Fähigkeiten des Reiters. Wirkliche Sicherheit können Sie nur gewinnen, wenn Sie sich diese aneignen – und das ist ein langer Prozess. Reiten-Lernen hört niemals auf. Doch gerade darin liegt auch das große Glück des Reiters: dass er jeden Tag etwas Neues erleben kann, dass er sich stets weiterentwickeln und so immer neu erfahren kann. Wer dieses Glück bewusst erleben und annehmen kann, der hat den ersten Schritt zum guten Reiter getan – und zu einem zufriedeneren, angstfreien Leben.

Nützliche Adressen

Deutsche Reiterliche Vereinigung e.V. (FN)
Freiherr-von-Langen-Str. 13
D-48231 Warendorf
e-mail: fn@fn-dokr.de
www.fn-dokr.de

Schweizerischer Verband für Pferdesport (SVPS)
Papiermühlestr. 40 H
Postfach 726
CH-3000 Bern 22
Tel.: 031-3354343
Fax: 031-3354358
e-mail: info@svps-fsse.ch
www.svp.fsse.ch

Bundesfachverband für Reiten und Fahren in Österreich (BFV)
Geiselbergstr. 26-35/512
A-110 Wien
Tel.: 01-7499261
Fax: 01-7499261/91 oder 90
e-mail: office@fena.at
www.fena.at

FS Reitzentrum Reken
Frankenstr. 37
D-48734 Reken
Tel.: 02864-2434
Fax: 02864-5860
e-mail: fs.reitzentrum@t-online.de
www.fs-reitzentrum.de

Vereinigung der Freizeitreiter und -fahrer in Deutschland e.V. (VFD)
Geschäftsstelle:
Heike Kirst
Auf der Hohengrub 5
D-56355 Hunzel
Tel.: 06772-9630980
Fax: 06772-9630985
e-mail: heikehuni@aol.com
www.vfdnet.de

Erste Westernreiter Union Deutschland e.V. (EWU)
Freiherr-von-Langen-Str. 13
D-48231 Warendorf
Tel.: 02581-785079
Fax: 02581-785077
www.ewu-bund.de

Internationale Gangpferde-Vereinigung e.V. (IGV)
Frankenstr. 37
D-48734 Reken
Tel.: 02864-2434
Fax: 02864-5860

Verein Deutscher Distanzreiter und -fahrer e.V. (VDD)
Zum Ludwigtal 17
D-45527 Hattingen
Tel.: 02324-23841
Fax: 02324-951048
e-mail: gsvdd@t-online.de
www.vdd-aktuell.de

Bayerischer Reit- und Fahrverband e.V.
Landshamer Str. 11
D-81929 München
Tel.: 089-926967250
Fax: 089-926967299
e-mail: brfv.lkbayern@t-online.de
www.brfv.de

Bremer Reiterverband e.V.
Halmstr. 9
D-28717 Bremen
Tel.: 0421-6368960
Fax: 0421-6368673
e.mail: info@bremer-reiterverband.de
www.bremer-reiterverband.de

Deutscher Reiter- und Fahrer-Verband e.V.
Hanrorup 1
D-48301 Nottuln
Tel.: 02548-343
Fax: 02548-1478

Hessischer Reit- und Fahrverband e.V.
Wilhelmstr. 24
D-35683 Dillenburg
Tel.: 02771-80340
Fax: 02771-8034-20
e-mail: thielmann-hrfv@gmx.de
www.hrfv.de

Landesverband der Reit- und Fahrvereine Hamburg e.V.
Schützenstr. 107
D-22761 Hamburg
Tel.: 040-8503006
Fax: 040-8514233
e-mail: info@pferdesport-hamburg.de
www.pferdesport-hamburg.de

Landesverband der Reit- und Fahrvereine Rheinland-Pfalz e.V.
Burgenlandstr. 7
D-55543 Bad Kreuznach
Tel.: 0671-894030

Fax: 0671-8940329
e-mail: lvlk-rlp@t-online.de
www.lvrp.de

Landesverband der Reit- und Fahrvereine Sachsen-Anhalt e.V.
Parkstr. 13
D-06780 Prussendorf
Tel.: 034956-22965
Fax: 034956-22968
e-mail: lv-rfvsachsenanhalt@t-online.de
www.pferde-sachsen-anhalt.de

Landesverband der Reit- und Fahrvereine Schleswig-Holstein e.V.
Eutiner Str. 27
D-23795 Bad Segeberg
Tel.: 04551-88920
Fax: 04551-889220
e-mail: lvrufvsh@t-online.de

Landesverband Pferdesport Berlin-Brandenburg e.V.
Passenheimer Str. 30
D-14053 Berlin
Tel.: 030-30092210
Fax: 030-30092220
e-mail: begall@lpbb.de
www.lpbb.de

Landesverband Pferdesport Sachsen e.V.
Käthe-Kollwitz-Platz 2
D-01468 Moritzburg
Tel.: 035207-89610
Fax: 035207-89612
e-mail: pferdesport@sachsens-pferde.de
www.sachsens-pferde.de

Niedersächsicher Reiterverband e.V.
Johannssenstr. 10
D-30159 Hannover
Tel.: 0511-325768
Fax: 0511-325759
e-mail: rv-han-hb@t-online.de

Pferdesportverband Baden-Württemberg e.V.
Murrstraße 1/2
D-70806 Kornwestheim
Tel.: 07154-83280
Fax: 07154-832829
e-mail: lvlk-baden-wuertt@t-online.de
www.pferdesport-bw.de

Pferdesportverband Rheinland e.V.
Weißenstein 52
D-40764 Langenfeld
Tel.: 02173-1011-100
Fax: 02173-1011-130
e-mail: info@psvr.de
www.pferdesport-rheinland.de

Pferdesportverband Saar e.V.
Hermann-Neuberger-Sportschule, Gebäude 54
D-66123 Saarbrücken
Tel.: 0681-3879240
Fax: 0681-3879268
e-mail: srv@lsvs.de
www.pferdesportverband-saar.de

Pferdesportverband Weser-Ems e.V.
Heidewinkel 8
D-49377 Vechta
Tel.: 04441-91400
Fax: 04441-914018
e-mail: info@psvwe.de
www.psvwe.de

Provinzialverband westfälischer Reit- und Fahrvereine e.V.
Sudmühlenstr. 33
D-48157 Münster-Handorf
Tel.: 0251-3280930
Fax: 0251-3280966
e-mail: zentrale@pv-muenster.de
www.pv-muenster.de

Reiterverband Hannover-Bremen e.V.
Johannssenstr. 10
D-30160 Hannover
Tel.: 0511-325768
Fax: 0511-325759
e-mail: rv-han-hb@t-online.de
www.paragon.de

Thüringer Reit- und Fahrverband e.V.
Schützenstr. 4
D-99096 Erfurt
Tel.: 0361-3460742
Fax: 0361-3460743
e-mail: trfv64@aol.com
lvth.pferd-aktuell.de

Verband der Reit- und Fahrvereine Nordrhein-Westfalen e.V.
Sudmühlenstr. 33
D-48157 Münster-Handorf
Tel.: 0251-3280930
Fax: 0251-3280966
e-mail: zentrale@pv-muenster.de
www.pv-muenster.de

Württembergischer Pferdesportverband e.V.
Murrstraße 1/2
D-70806 Kornwestheim
Tel.: 07154 - 832830
Fax: 07154 - 832849
e-mail: info@wpsv.de
www.wpsv.de

Zum Weiterlesen

Arz, Christa:
Bodenarbeit;
Pferdetraining an der Hand,
Müller Rüschlikon Verlag, 2000

Bruns, Ursula & Tellington-Jones, Linda:
Die Tellington-Methode;
So erzieht man sein Pferd,
Müller Rüschlikon Verlag, 1985

Diacont, Kerstin:
Wie sag ich's meinem Pferd?
Müller Rüschlikon Verlag, 2004

Ende, Helmut & Isenbügel, Ewald:
Die neue Stallapotheke;
So hilft man kranken Pferden,
Müller Rüschlikon Verlag, 1999

Geitner, Michael:
Be strict – Denken wie ein Pferd;
Richtig ausbilden – Konsequent korrigieren,
Müller Rüschlikon Verlag, 2001

Geitner, Michael:
Be strict im Sattel;
Mit Konsequenz zum sicheren Pferd,
Müller Rüschlikon Verlag, 2003

Hoffmann, Marlit:
Handpferdereiten;
Ausbildung – Möglichkeiten – Sicherheit,
Müller Rüschlikon Verlag, 2003

Holm, Ute:
Western-Reiten aber bitte klassisch,
Müller Rüschlikon Verlag, 1999

Kaltwasser, Kiki,
Verlade-Training für Freizeit und Turnier,
Müller Rüschlikon Verlag, 2002

Knopfhardt, Alfred:
Dressur von A bis S;
Schritt für Schritt zu höheren Lektionen,
Müller Rüschlikon Verlag, 2002

Kyrklund, Kyra & Lemkow, Jytte:
Dressurreiten;
Schritt für Schritt zur Perfektion –
Mit Praxistipps von Profireitern,
Müller Rüschlikon Verlag, 2001

Luther, Hartmut, Soft Horse Riding;
Das sanfte Anreiten junger Pferde,
Müller Rüschlikon Verlag, 2003

Maxwell, Richard & Sharples, Johanna:
Sanfte Pferdeausbildung;
Vom Join-Up zum Anreiten,
Müller Rüschlikon Verlag, 2000

Mills, Daniel & Nankervis Kathryn:
Pferdeverhalten erklärt;
Mit neuesten wissenschaftlichen
Erkenntnissen für die Praxis,
Müller Rüschlikon Verlag, 2004

Moffet, Heather:
Besser reiten mit Gefühl,
Müller Rüschlikon Verlag, 2000

Over, Uta:
Warm-up für Pferde;
Systematische Vorbereitung auf das
Reiten – Entspannung nach der Arbeit,
Müller Rüschlikon Verlag, 2003

Sly, Debby:
Reiten lernen – leicht gemacht;
Von den Grundlagen bis zur Perfektion,
Müller Rüschlikon Verlag, 1999

Swift, Sally:
Reiten aus der Körpermitte;
Pferd und Reiter im Gleichgewicht,
Müller Rüschlikon Verlag, 1985

Swift, Sally:
Reiten aus der Körpermitte Band 2;
Perfektion im Sattel,
Müller Rüschlikon Verlag, 2003

Tottle, Sally A.:
Reiten mit Körpergefühl;
Mit der Alexandertechnik zur Harmonie
zwischen Pferd und Reiter,
Müller Rüschlikon Verlag, 2001

Wanless, Mary:
Die Wanless-Methode;
Fühlen statt denken – Reiten in Harmonie,
Müller Rüschlikon Verlag, 1998

Wanless, Mary:
Reiten in Vollendung;
Das Praxisbuch zur Wanless-Methode,
Müller Rüschlikon Verlag, 1999

Wanless, Mary:
Zum Wohle des Pferdes;
Körperarbeit, mentale Energie,
Alternativmedizin,
Müller Rüschlikon Verlag, 1999

Wanless, Mary:
Perfekt sitzen effektiv einwirken;
Mit der Wanless-Methode Schritt für
Schritt zum Ziel,
Müller Rüschlikon Verlag, 2004

Register

Harmonie für Pferd und Reiter

Kerstin Diacont, **Wie sag ich's meinem Pferd?**
Das Potenzial für Missverständnisse zwischen Mensch und Pferd ist groß. Dieser Ratgeber zeigt, wie sich Reiter und Pferd eine Verständigungsgrundlage schaffen, welche Voraussetzungen für eine gute Verständigung notwendig sind und auf welche Weise Vertrauen aufgebaut werden kann.
160 Seiten, 136 Farbbilder, 73 Zeichnungen
Bestell-Nr. 41488 **€ 19,90**/sFr 34,90/€(A) 20,50

Sally A. Tottle, **Reiten mit Körpergefühl**
Welcher Reiter wünscht sich nicht, entspannt auf einem Pferd zu sitzen, das ebenso entspannt seine Lektionen zeigt? Sally A. Tottle vermittelt mit einer Kombination aus Grundlagen der Alexandertechnik und Reitunterricht eine Methode, mit der Reiter ihre Fähigkeiten verbessern können.
128 Seiten, 44 Bilder, davon 35 in Farbe, 37 Zeichnungen
Bestell-Nr. 41386 **€ 16,–**/sFr 28,60/€(A) 16,50

Mary Wanless
Perfekt sitzen, effektiv einwirken
Ob man reiten lernen will oder tief sitzende Haltungsfehler beseitigen möchte – mit der Wanless-Methode erreicht man sein Ziel ganz locker. Die Autorin hat ihre bewährten Lernmethoden vereinfacht, die Grundprinzipien der Reiterei in Häppchen zerlegt und mit einleuchtenden Leitfäden und Übungen kombiniert.
144 Seiten, 66 Farbbilder
Bestell-Nr. 41485
€ 19,90
sFr 34,90/€(A) 20,50

Sabine Stuewer/Marlies Borchardt
Den Pferden ganz nah
Dieser Bildband der Extraklasse begleitet Pferde beim Spielen, Ruhen oder Fressen und vermittelt dadurch einen tiefen Einblick in ihr Verhalten und ihren Lebensrhythmus. Mit hervorragenden Bildern und einfühlsamen Texten schaffen es die Autorinnen, dem Betrachter die Welt der Pferde nahe zu bringen.
208 Seiten, 241 Farbbilder
Bestell-Nr. 41447
€ 34,90/sFr 60,40/€(A) 35,90

Elizabeth Peplow
Im Reich der Pferde
Dieses wunderschöne Buch erzählt die Entwicklungsgeschichte des Pferdes, stellt Pferde- und Ponyrassen vor und beschreibt die Pferdesportarten. Kapitel über das Reitenlernen, die Pferdeausbildung, Haltung und Fütterung sowie das Verhalten der Pferde und ihre Gesundheit runden das Werk ab.
192 Seiten, 338 Bilder, davon 330 in Farbe
Bestell-Nr. 41363
€ 26,–/sFr 45,60/€(A) 26,80

Sibylle Luise Binder/Gabriele Kärcher
Wilde Pferde
Die Autorinnen machen Station bei frei lebenden Pferden. Ihre wunderschönen Aufnahmen und fundierten Texte vermitteln dem Leser einen faszinierenden Einblick in die Lebensräume dieser Tiere und eine Menge Wissen über Ursprung, Überlebenschancen, Arterhaltung und Schutzorganisationen.
160 Seiten, 125 Farbbilder
Bestell-Nr. 41464
€ 24,90/sFr 43,70/€(A) 25,60

Ihr Verlag für Pferde-Bücher
Gewerbestraße 10, CH-6330 Cham
Telefon ++41(0)41 740 30 40
Telefax ++41(0)41 741 71 15
E-Mail: info@mueller-rueschlikon.ch

Müller Rüschlikon

Stand April 2004
Änderungen in Preis und Lieferfähigkeit vorbehalten